WINGS・NOVEL

あなたの町の生きてるか死んでるかわからない店探訪します

菅野　彰×
立花実枝子
Akira SUGANO×
Mieko TACHIBANA

新書館ウィングス文庫

SHINSHOKAN

あなたの町の生きてるか死んでるかわからない店探訪します

目次

最初の試練　大泉学園篇……6
二回目の試練　大泉学園洋食篇……36
三回目の試練　中央線沿線篇……64
四回目の試練　馬場の次は早稲田界隈篇……96
五回目の試練　肉はよく焼いて焼いて篇……142
最後の試練……　最終兵器と○こ篇……172
おまけ　恐怖の中華飯店篇……200

あなたの町の
生きてるか死んでるかわからない店探訪します

菅野 彰×立花実枝子

私は今、タクシーの運転手が東京で一番行きたくない町、から十メートル埼玉に入ったところに住んでいる。

来たくないのも当たり前、農道をそのまま道にしてあり一方通行の嵐で、私は自分の家の周りを「帰りたい帰れないすぐそこなのに」とマイカーで何度もぐるぐる回ったことがある。ここは東京と埼玉が入り組んでいて、カーナビのついた友達の立派な車に乗ってみれば、一方通行をくねくね行くために三十秒ごとに、

「埼玉県に入りました」

「東京都に入りました」

と悠長《ちょう》に呟《つぶや》かれ、

「しつこいんじゃぼけえ！」

と、友達切れる。

しかしそのカーナビのおかげで私はある日、お金が無いって悲しいことね……ということを

最初の試練　大泉学園篇

目《ま》の当《あ》たりにした。

うちの近所に、長い長い桜並木通りがある。1キロくらいあるかも知れない。その下では居酒屋が花見をするし、花見渋滞や花見事故も多発する。桜並木通りは、突き当たりのT字路直前で埼玉県に入る。

「埼玉県に入りました」

カーナビがそう言った途端、私は気づかなくてもいい悲しいことに気づいてしまった……。

「突然……突然桜が一本もなくなった……」

お金が無いって……行政なんて……あとちょっとなんだから桜の十本くらい植えてやれ●●区！

その桜がある裕福な町に月夜野亮《つきよのあきら》が、桜が途切れた悲しい町に今回の相方《あいかた》立花実枝子が住んでいる。二人は誕生日も一緒血液型も一緒、干支《えと》も一緒。真ん中に住んでいる私は何かの呪いかと時々思いながら、クリスマスも、

「ヨンさまと二人きりになりたいから、十二時半まで帰って来ないで」

と、イブに母親に家を追い出された月夜野と立花と、三人でスカイラーク・ガーデンズでくりすますでなーを食った……。

よく三人でメシを食うが、

「何処《どこ》に行く？」

と、一応尋ね合う私たちの言葉に意味はない。

「スカイラーク・ガーデンズか居酒屋」

選択肢がないのだ。

そんなある日、私と立花は、

「そんな自由　業だって素敵な日曜日を過ごしてもいいハズ！」

と、日曜の朝から行動することにした。

「動物を見に行こう！」

と……近所のビッグサムで投げ売りの子犬や子猫、ねずみを見る。

「これ売れなかったらどーなんだろうなー。そうさせたくないだけに、店も必死な訳よのう」

動物たちは段ボールに分けられ、子どもたちに揉《も》みくちゃにされている。これも店の必死な作戦だ。

「かわいいようお母さん買って!!」

と、子どもたちの芋洗《いもあら》い。

「……ん立花は？」

その時私は友人を見失ったことに気づいた。

探すと立花は小学生の海に潜って犬をなで回し、

「買ってー」

と、満面の笑顔。

「……ちゃんと自分で世話できるのか？　隣の大家さんが雲仙普賢岳《うんぜんふげんだけ》から引き取って来たまるちゃんで我慢しなさい」

眉間を押さえて立花を連れて帰る。

その日曜日は、もう一つ目的があった。前々から月夜野が一人で見たら恐怖で恐怖で堪《たま》らなかったという、「ダークネス」という映画を明るいうちに立花と私と二人で私の家で見ようという企画だ。実は朝から参加していた月夜野は素晴らしい明太子《めんたいこ》パスタを作ってくれたが、いざ「ダー

クネス」を見ようという段になると、

「じゃ！」

と、さっさと帰って行った……。

「あいつ……いつも言いっぱなしだよな……」

しかしここでアクシデントが。

これはケーブルでやったものを私が録っておいたものだったハズなのだが、チャンネルを間違えたらしく得たいの知れない宗教ドラマが入っている……。

「計画が台なしだ……」

実は割とよくあることなのだが気合が入っていたので、私も慌てる。

「待て。代わりに何か気分の悪いものを見よう……何かないか何かないか……」

何故《なぜ》わざわざ気分の悪くなるものを……。私はＤＶＤケースをめくりまくった。

「『ｅｓ』はどうだ、立花」

「それはよいではないか」

立花も同意して『ｅｓ』を見ることになった。これはドイツで作られた実話の映画化で、実験で無作為の何人かを刑務官と囚人に分けたところどれだけ立場に人格が支配されていくかという恐ろしい作品で、

「ドイツ人て……いやいかんいかん、ドイツ人とかでくくってはいかん」

と、何度も首を振りながら見終えた。この時点で午後六時くらいだっただろうか。

「いやあ……おそろしかったね」

「まったく」

たらり、と映画の感想を語りながら……こたつが悪い。こたつに二人で伸びる。横たわる。眠ったらしい……。

八時間も……。

「ええ!?」

時計を見て絶叫。一人跳ね起き、スーパーが午前二時に閉まるので走る。腹が減ったので飯を作る。放っておくと永遠に寝ているのであろう立花の前に、立花の大好物の白い炊き立てご飯をかざす。匂いで立花目覚める。

二人で二度目の飯を食う。

「実はよくあることなのではあるが……なあ、立花」

「クズだね、あたしたち」

「人間のクズだ……」

そのまま朝までクズについて語り合う。夜明けとともに立花を見送り、

「しかしこのままでいいのか!?」

と、クズなりに考える。

タクシーも来たくない町から十メートル離れているだけで、ケンタッキーがどうしても配達に来てくれないという理不尽さの中、ただ家とスーパーを往復している場合か!? 何かある筈だ。この桜のあるなしで貧乏なのが露骨にわかる町にも、何かがある筈だ。

「探検に行こう立花!!」

「おう!」

始まりはそうだった筈だった。

一軒目、月夜野亮が子どものころからあるという正真正銘前世紀の遺物のレストランを探検して（探検といってもメシのことしか頭にない。神社仏閣など探検する気は毛頭ない）、油の悪さとメシのマズさとあり得ないセッションに二人で倒れる。だがその店は満席。

「子供連れの若夫婦とかいる……値段同じなんだからデニーズ行けよデニーズ。あいつら代々ここで味

覚を崩壊させられてる」

しかし何処かに！　何処かに隠れた名店が!!

と、騒いでいたら月夜野が言った。

「あたしおもしろいこと考えたの。この町を探索《たんさく》してもすぐネタは尽きるでしょう？　だから全国から募集する訳。『あなたの町の生きてるか死んでるかわからない店探訪します』ってね」

企画を考えてくれた彼女だが、企画料など一銭も払う気はない。何故《なぜ》なら、

「ならば近所のよしみで貴様も参加するのだろうな」

と、言い迫ったところ、

「あたしは言っただけよ。あはは」

「また言いっぱなしかよ!!」

店にも一緒に行かぬという。

「しかし企画も通り、締め切りも迫った……行かねばならぬのう。立花。取《と》り敢《あ》えずは、もっとも危険と思える……あの店に」

「あの……店にですか……先輩」

私たちにはこの町に越して来て、気になって気になって仕方のない店が一軒あった。

崩れ掛けた建物。営業しているとは思えない空気。秋には枯れた蔦《つた》がゆらゆら揺れる。その名も、

「おもかげ寿司・支店」

よりによって、なまものに面影《おもかげ》を求められてもな……。

「しかも支店だよ。本店は何処だ」

立花はそれが気になって仕方がないという。

「しかしインパクトではあそこが大だ。あそこに行くしかないだろう。もう連載の予告も出た」

「だがなまものだぞ……」

二の足踏みまくって、もうギリギリアウトだよという頃合いに立花と私は、とうとう今日、行こう！と、誓い合った。誓い合ったがしかし、人としてここは月夜野を誘わなくてどうする。私はメールで

彼女を誘った。返事はこうだ。

「あはは。人としてあたしはスーパー銭湯《せんとう》に行ってくるわ。打ち合わせの頃遊びに行くねー」

そのメールを立花に見せると、

「あいつ昨日うちで、もう一軒行く予定の中華飯店に五時に行って、寿司に七時に行けばいいじゃないとかぬかしてたぜ。めちゃくちゃ他人事だぜ……」

中華飯店にも行くのだが、それも来る気はないらしい。

直前で担当さんにも電話する。

「なんかできる限り一緒に行くという話でしたよね……」

「あはは……」

なまものだからね！

とにかく私たちは生き死にの札を持って、決死隊として「おもかげ寿司・支店」に挑んだ。

「この水槽ひからびてるね……」

でも暖簾《のれん》は生きているので、扉を開ける。

するとそこには、間取りは普通の寿司屋があった。カウンターに、座敷。

だが座敷では、おもちゃや毛布を持った子どもが四、五人、子犬のように遊んでいる。

それを気にしないのもこの店のルールらしく、お客が来ても子どもが片付けられることはない。

「取り敢えず寿司屋はあれだろ。特上頼んで、後はお好みで」

「そうだな」

「特上二つ!!」

なまものだぜー……と思いながら頼む。

後ろの水槽は、多分食用ではないのだろうが、いつからそこにいるのかわからない魚と海老《えび》が（もちろん最初は食用だった筈だ）、真緑の水苔《みずごけ》で自給自足の生活をしている。

「初心生涯」

と、いう札が掛かっていて、「そりゃどうかと思う」と口を挟みたくなる。

明日行くのだが、と、前日ブルーになっていた私に、いつも役に立たないことしか言わないNが、

「でもカッパ巻きなら……胡瓜《きゅうり》が干からびてる程度で済むし」

「それでは取材したとは言えぬ……そうだヤバそうなものはみんな立花に食わせよう。あいつは若い。人生なんか何度でもやり直せる。な!?」

Nに同意を求めると彼女は、

「それそのまま書きなね……」

と、役に立つことを言った。

しかし。

ところが。

この店。

おもかげだわ店壊れてるわ住居のものが階段下に溢れてるわ子どもは転がってるわ蔦揺れてる

わ、なのに。

「なんじゃこりゃ！」

「すげえうまい!!」

　この町で食って来た寿司の中で一番うまい！

「……待って。美味《うま》くちゃ記事にならないのよ立花。美味くちゃ話にならないのよ立花」

「いいじゃないのよ最初くらい！　どうせこの後全国からの有象無象《うぞうむぞう》が……」

「そうねそうね。最初くらいおいしくてもバチは当たらないわよね!?」

　特に脂《あぶら》の乗ったキンメダイ、さっぱりした小鰭《こはだ》、何より炙《あぶ》って塩を振ったあなごを食った時にはなんの打ち合わせもなく立花と手を握り合い、

「このままでは終われない！　もう一つ!!」

　あなごを頂く。

「生きてるねこの店……先輩」

「死んでる振りして思いっきり生きてるね……立花」

　この時点で私は外に出て、担当さんに電話した。

「生きてました。生きてる店は実名と所在を明らかにして、紹介していくという手筈だったかと……

…今、大将に言うべきでしょうか」

「ならば是非《ぜひ》、今」

店に戻りその旨、立花に告げる。

しかし……言いにくいったらありゃしない何もかもが。だいたいあたしら二人ともこんなことになるなんて思ってもいないので、名刺も持ってない。

「あの……すみません、大変申し上げにくいのですが」

取材の趣旨を説明する。

「雑誌名を……『ウンポコ』と申しまして」

誰だこの雑誌名つけたの!!

「連載のタイトルが……『あなたの町の……生きてるか……死んでるかわからない店探訪します』という……」

親父が死んだので仕方なくやってきました、と何もかも淡々と語っていた大将の顔色がこのときだけ一瞬青ざめる。

「すみませんすみません。素晴らしいお店なので紹介させて頂けたらと」

「いやそれは是非。ありがたいです」

快く名刺を頂く。

取材と知れたからには、いろいろ聞いてみる。

「お店の前の鉄骨は、塗り直しか何かですか?」

「え? あー、いやー立《た》ち退《の》けって言われてましてねえ。いやがらせですわ。あはは」

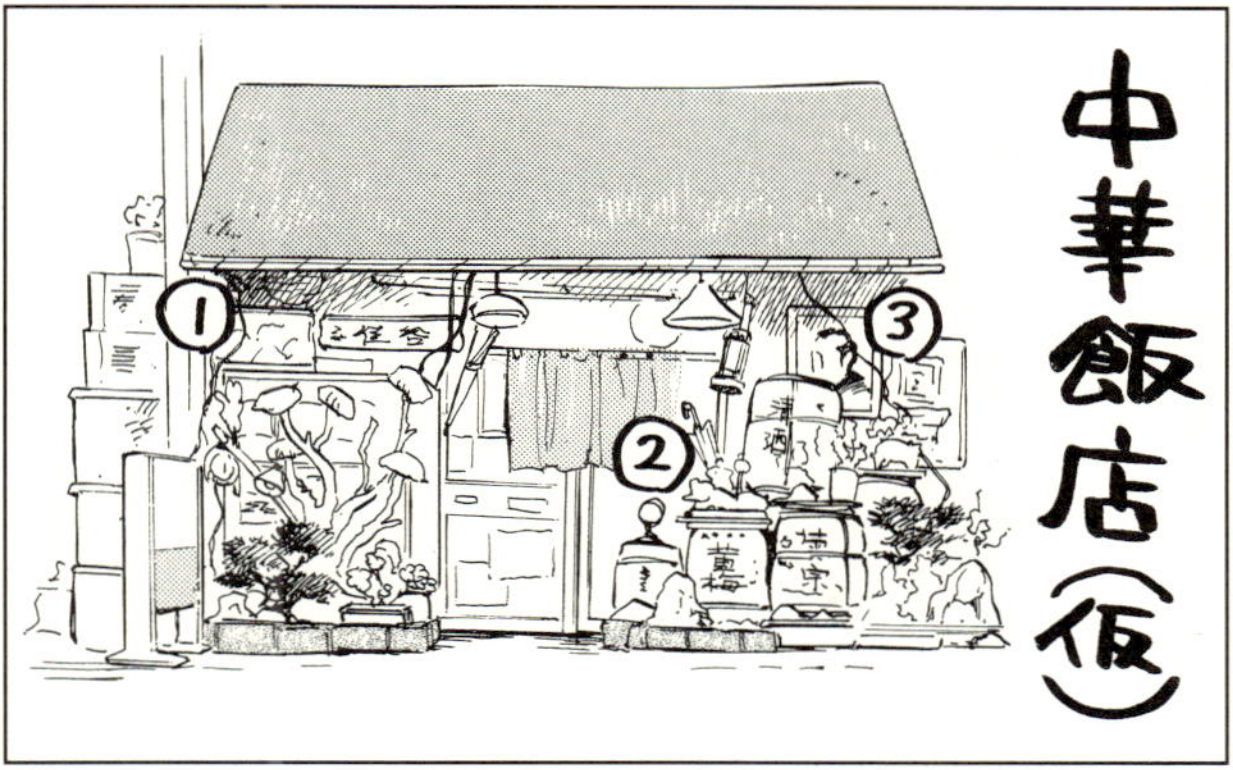

大将呑気である……。

「ごちそうさまでした」

特上二つ。お好みで七カン。生ビール一つ。9500円。明朗会計ではないかと。

しかし最後に大将は言ってはならぬことを言って、私たちを追い詰めた。

「さっき、三月末発売って言ってましたよね……今取材して、間に合うんですか?」

さらっとな……。

外に出て見ると確かにパイプには、不動産屋の名前がでかでかと刻んであった。

時に九時。私は叫ぶ。

「順番間違えたー!!」

次に行くのは、今度こそネタ的には間違いのないだろう中華飯店。立花が克明《こくめい》に外観を書くだろうが、外には沢山の訳のわからん土産《みやげ》物が積んであって、サーモン銜《くわ》えた熊が二匹いる。

「何言ってんの先輩！　わからないじゃない！　あのサーモン銜えた熊だって、立ち退きの嫌がらせで片付けても片付けてもすぐ置かれるのかも……っ」

「立花……いい夢見ろよ」

そしてお次は、日を改めてその中華飯店なのだが。もうここでやめてもいいんじゃないのか？ページも埋まったしいいんじゃないのか？

だが私たちは駆け出しのウンポコ作家……（いつかこの雑誌名をつけた人をつきとめます）。行かねばな……という日、人として中華飯店は付き合う、といきなり友情を発揮した月夜野亮と三人で、私たちは出掛けた。

この中華飯店（仮名）は、件《くだん》の動物まみれ帰りに発見したもので、外にはめちゃくちゃな造花、サーモンを銜えた熊、マッケン、壊れ掛けた母屋《おもや》、という見た目から壮絶な店だった。

「足が竦《すく》むという言葉の意味を知る……」

胸がドキドキしてきてしまった私は、店が近づくにつれて取り乱した。

しかしついには店についてしまう。やっていなければという唯一の希望をかき消すように、日光東照宮《にっこうとうしょうぐう》のような明かりが煌々《こうこう》と照っている。

やる気のない駐車場にバンが斜めに停まっているので、私は店のご主人にバンを入れ直して貰うために、禁断の……決して開けるべきではなかったそのドアを……開けた。

店のドア開けてあんなに驚いたことはない。

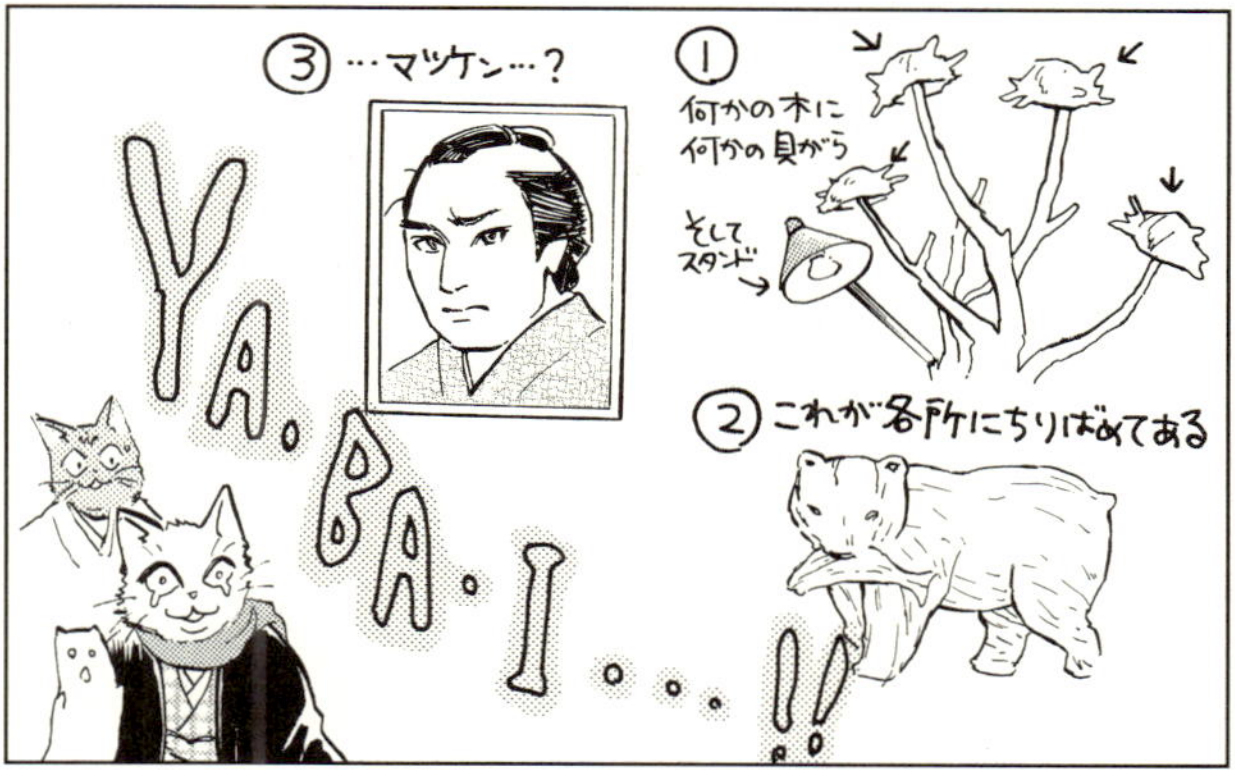

店の中に、テーブルらしきものが二つ。だがありとあらゆる土産物や衣類、雑誌で座る場所もものを置く場所もない。

「営業していないのか……？」

戸惑《とまど》うと、ちゃんと調理用の白い上っ張りを来た店長が出て来た。

「あの、お店やってらっしゃるんでしょうか」

「ああどうぞどうぞ」

「じゃあ車を」

片付けて貰っている間、呆然と私は店内を見回した。奥に扉があってそこが店の座敷だと思いたかったが、何故かテーブルの上にあった毛布を店主が、咄嗟《とっさ》にそこに放り込んだので母屋だとはもう思い知っている。

「何処で……？　この裸の写真と女性セブンとナショナルジオグラフィックと家庭画報と日本のありとあらゆる土産物と賞味期限の切れたやばげな調味料

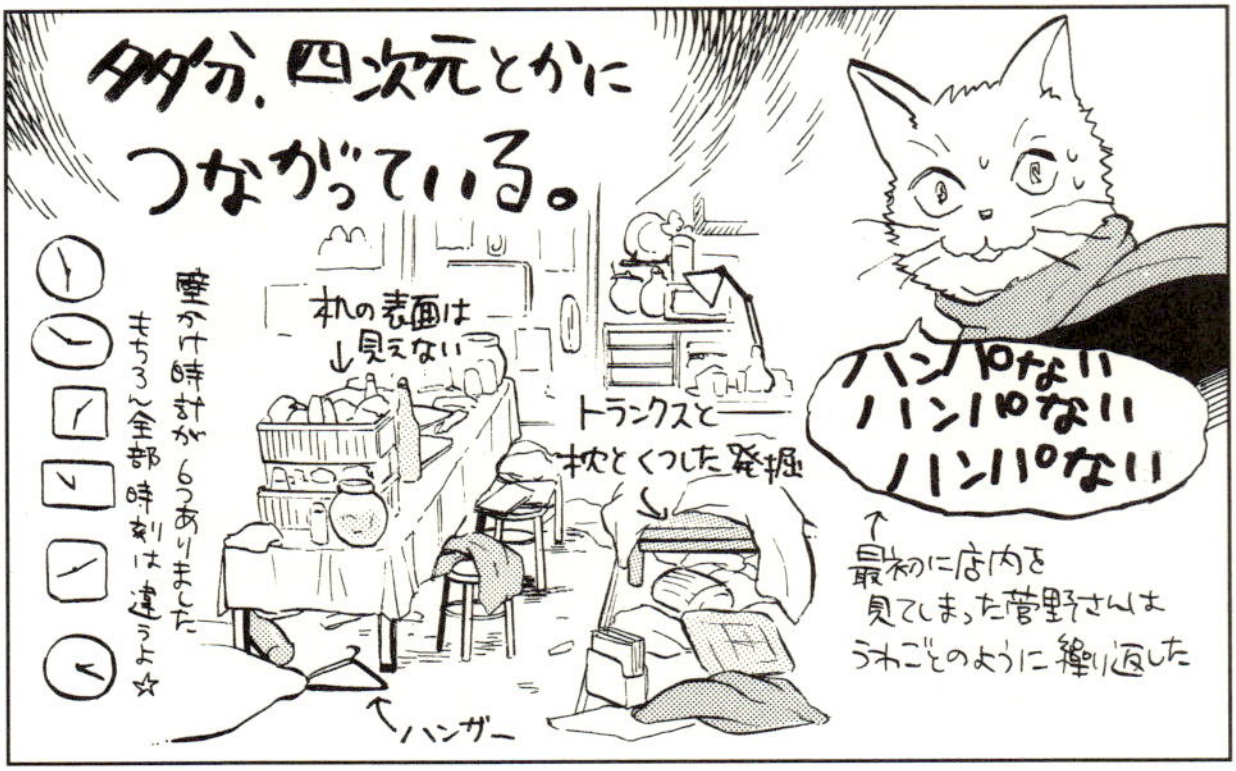

と高麗人参《こうらいにんじん》と変な猫と衣類の積まれた空間でどうやってメシを?」

　後から入った二人も、当然言葉を失う。

　思わず無言で片付け始める。

　月夜野が、

「ここに三人で座ろう」

と、言った小さな座卓の周りを片付けると、まずジャージ、タオル、靴下、そして……トランクスが掘り起こされた。

「何故……何故最初からこんな大当たりを引かねばならぬ……」

　不衛生なことがとても苦手な私は、最高ナーバスに落ち込む。

「いやあ、今日はたまたま免許の書き換えで片付けてなくて」

　十回くらい聞いた店長の言い訳だが、多分毎日その免許を書き換えている。そのうち、

「あれ？　珍しい。お客？」

と、この季節（冬の終わり）に、大量にして結構な大きさのフレンドリーなゴ○ブ○が現れる。

何処までもポジティブシンキングな立花は、

「ん？　人が珍しいのか？　こいつう」

と、コミュニケーションを取っていたが、私が一撃で立花の友人を仕留めてしまった。

店長、言葉もいまいち通じない。最初にレモンソーダが出て来る。多分飲める水がないのだと思う。コップも薄汚れていた。

「何頼む……」

全員で青ざめる。

「ビールなら大丈夫ビールなら大丈夫ビールなら大丈夫」

「瓶ならね瓶ならね瓶ならね」

錯乱《さくらん》のあまり月夜野と私で三回ずつ呟く。

熟考の末、月夜野はラーメン、私は無難に逃げて

おれ流

カレー、立花は果敢に中華丼、そのほかに八宝菜《はっぽうさい》を頼む。

最初にビールとお通しが出て来た。

「うん！　冷蔵庫には入っていたね!!」

月夜野の感想である。

うまいまずいは個人の判断だが、三人一致でこれはヤバイと箸《はし》を置く。

まず八宝菜が出て来た。

「勇気いるね……見た目から既に」

なんと言ったらいいのだろう。丼《どんぶり》てんこもりの八宝菜。全てがどんよりしている。というか具がなんか間違っている。三人でつつきあい、

「まずいというか……」

「大学の寮で誰かが作った危険な料理だけど……」

「食べられなくはないみたいな……」

感じ？　というのが私たちの精一杯。

そして月夜野のラーメンが出て来た。月夜野曰《いわ》く、

「精一杯普通の振りをしようとしているラーメン」

で、これも感想は八宝菜と同じだ。

ところで私は段々とフレンドリーなお友達が次から次へと出て来ることも、ふと足元を見るとハンガーと下着が落ちていることも耐えられなくなって来た。

月夜野はジャンプの世界に逃避している。私はそこに逃げられるならとジャンプを奪って、ただ抱き締めていた……。

「最終兵器出たよね……立花。初回に」

「でも網走《あばしり》に行けばきっともっとすごい店が！」

何処までもポジティブシンキングの立花は笑顔で、私はいつかこいつを殺《や》ってしまうかもしれない。

「今あたしたちのストレス値計って欲しい……」

ジャンプを抱き締めた私の時間は、かつてないほどゆっくりと流れる。

「早く帰りたい……」

うっかり口から声にしてそんな言葉が出る。

サービスだと出されたショウガ焼きは部分的に微妙に冷たい。サービスだと出されたキムチは白くカビが生えている。目を逸《そ》らすとビール瓶が床に転がっている。

「誰だ営業許可証出したの!!」

思わず許可証の写真を撮る。

「これ……おそらく唐揚《からあ》げにするために長年醤油《しょうゆ》に漬け込まれた鳥肉が、この際だからみたいにぶち込んである……」

月夜野は呟いて、立花にラーメンを分けた。

「ありがとー」

笑顔で礼を言う立花。大丈夫か立花！　壊れてる！　壊れてるぞ立花!!

そこに立花の中華丼登場。

食べている途中で立花跳ねる。

「どうした!!」

「あはは。なんか白くてイカみたいなでも食べたことのないものが。あはは！」

「それにしても具がおかしい……八宝菜にしても中華丼にしても」

「……わかった」

そこで賢者月夜野が気づく。

金言を胸に刻むも

「この店で今生きてるのは、白菜だけだ」

中華丼の具は……よく見ると何か見覚えが。

「後はおでんの具でごまかしてある……」

「つみれ……だいこん……はんぺん……がんも……かまぼこ……卵……ミートボール（!!）……白菜……本当だ!!」

「八つであることには拘《こだわ》ったのであろう」

月夜野は店主の拘りどころは八宝菜は具が八つだというところだと、独りで悟り始めた。

ところで店主は、しきりと何かを捜している。とうとう見つからずに、店主は外に出た。

「隣のセブンに何か買いに行ったな……先輩？」

「今私は初めて神に祈る。レトルトのカレーでありますように。できればご飯もレトルトのご飯でありますように。神様神様神様」

しかし店主が捜していたのは煙草《たばこ》だった。

この辺で私たちもフレンドリーな虫と過ごす限界を迎えて、

「すみません時間がないのでお会計を」

と、懇願《こんがん》すると、

「……じゃ、二千円でいいや」

丼勘定にも程がある。

「いえ、普通に会計してください。普通の値段で」

ならおまけと空《から》の領収書も渡され、土産に缶ジュースを三個持たされる。

「親切は親切だよね……」

店を出ながら私が呟くと、

「親切とはあの店を閉めることだろう！」

と、月夜野が本当のことを言う。

「だいたいあんたがこんな企画立てるから！」

「ここを見つけたのは菅野だろう」

店を出るなり大ゲンカである。

車を出すときに月夜野が、

「入れるときじいさん轢《ひ》きそうになったんだが……轢いておくべきだったか」

「何故轢かなかった！」

「自腹でいい。自腹でいいからおもかげ寿司で、この荒《すさ》んだ心を癒させてくれ」

月夜野が言うのでおもかげ寿司に向かう。だが、そもそもおもかげを振って中華飯店（仮名）に付き合った月夜野。おもかげは月曜が定休日であった……。

「不運に掛けて、あたしの右に出るものはいないね。だれも出さないけどね」

「出たくもないけどね」

余計なことを言った立花を、月夜野が、

「殺していいか」

と、私に聞く。

「既にもう続けたくないが、取り敢えず連載が終わるまでは生かしておいてくれ……その後は存分に」

仕方なく、ろくに食った気がしない私たちは、いつものスカイラーク・ガーデンズに。

そこで立花はくだし、私は吐いた（マジで……）。

荒みきっているので、普通の会話ができない。漫画のキャラ設定の話から、

「勉強が出来るけど勉強しかできない意味のないバカっているじゃない」

と、立花が言ったとき、一瞬の迷いもなく私は、

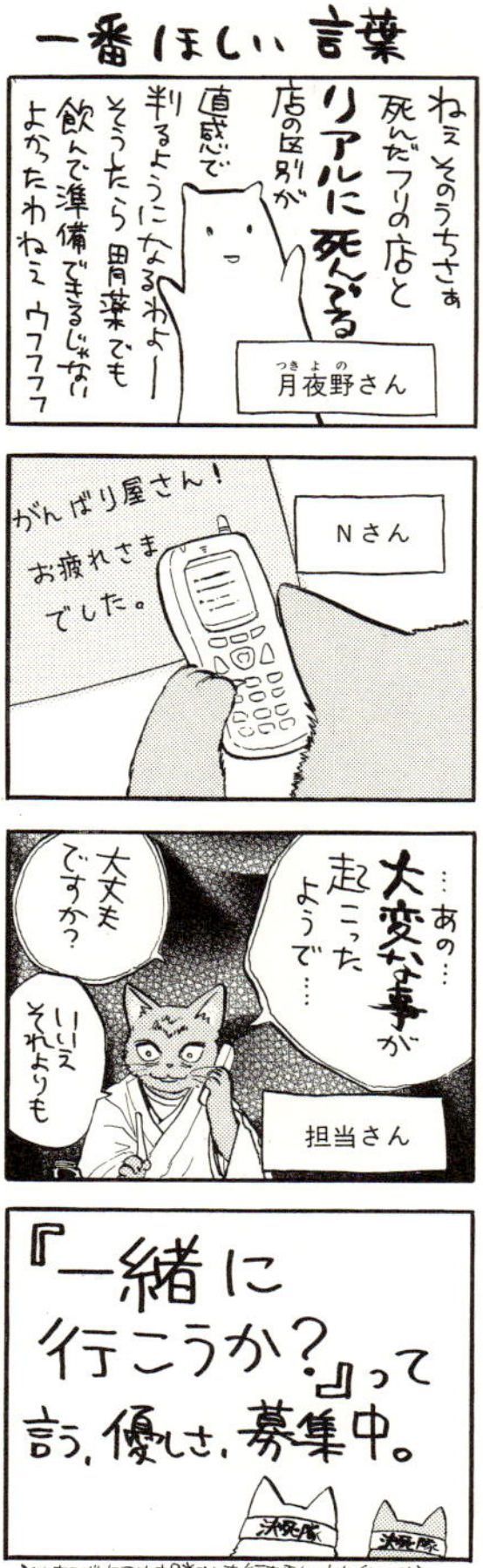

とりあえず次回は担当さんも行きましょうね（にっこり）

「おまえのことか」

と、某有名私大を予備校にも行かず自力で勉強して、ストレートで受かった立花に真っすぐ言ってしまった。

「自分でわかっていても人に言われるとムカつく……」

「ああ人間が荒んでいく!!　極限になると人間底を見るね!?」

真面目《まじめ》な話、世界の飢餓《きが》や鶏《にわとり》の命まで店の中では考えがいっていた。

「あたし解脱《げだつ》しそうになった」

月夜野は言った。

「するしかないかと、もう」

「ああ。それでいうとあたしは、店主を殺るかあたしが死ぬかだと思ったな……」

　月夜野は解脱、私は殺意、立花は、

「軽く狂った」

　何処までも笑顔だ。危険だ。

「いつか塵《ちり》が積もって単行本になって、大当たりでもしたら月夜野を許そう……」

　呟けば月夜野はすかさず、

「仮に十万部売れたとき、税金でいくら持ってかれるか今ここで計算してやろうか！」

　にたっ、と笑う。

　早く本にしてください『ウンポコ』様。

　多分長引くと私たち、解脱して殺人を犯して狂ったりして最後は殺し合いです。

　なんでこんな企画始まってしまったんだろう……。

　ああ、最後に告げなくてはいけないことがあった……意図的に忘れてた……。

　……あなたの町の……生死不明の店、教えてくだ……さ……。

三ヵ月って早いね……と思いつつ、私達は今軽いショックに陥っている。

「さあ、全国からどんなお店が来るのかな?」

「怖いね。有象無象《うぞうむぞう》だよ」

と、楽しみに待っていた「あなたの町の生きてるか死んでるかわからない店(タイトルだし!)」が……来ない。一軒も来ない!!

聞けば、お言葉を寄せてくださる方も、

「あれ以上のものはとても……」

紹介できないという。

「あれ」? ……ってどれ。

もしかして二軒目の中華飯店のことか!? 誰があれ以上のものを出していいと言った! いやお願いしますあれ以上の(以下が正しい気がする……)ものは勘弁してください許してください。

私と立花はボーダーを決めていて、あの中華

飯店以下の物件が出たら、即刻店を出て警察も保健所も呼ぶことを迷っていない。

　情報提供者も現れず、自分たちのほかの原稿も重なり、日程的にも切羽詰まって来た中、店がない。いや全くない訳ではない。某出版社の編集さんが、

「原稿ありがとうございました。お礼と言ってはなんですが、代わりにスバらしきお店をご紹介します……」

などと言ってくださったのだが、その出版社が出して来る奥の手に脅威を感じた私は、

「いっ、いいえそんな原稿書くのは当たり前のことですから!!」

しゅたっと辞退してしまった……あれを聞いておくべきだった。

「プロじゃねえな……」

立花が言う。

次回は聞いてみようと思う……。

しかして私たちには、まだまだ必殺技が取ってあった。元はと言えば地元（隣町だけど）、メーテルもハーロックも生まれた町大泉学園探訪記をやる筈だった。やろうと思ったぐらいには、この町には得体の知れない店がごろごろ転がっているのである。トチローやハーロックがとりさんとみいたんと住んでるアパートも、あるかも知れない。

「今回は大泉学園篇パート2ということで、前回が寿司と中華だったから今回は洋食篇で行くか」

「大泉学園だけでやろうとしていた時に最終兵器だと思っていた、あの『ボナパルト（仮名）』スか……先輩」

「仕方あるまい……。実はもう一軒気になる店があるのだ立花よ」

「……どんな」

この話をするときの、私たちのかつてないテンションの低さはなんだろう……？

「『インドカレー&イタリアン』の店、『マトリョシカ（仮）』という店があってな……」

「全部おかしいだろそれ！」

「だからこそ……行って見ねばなるまい」

時間も切迫していたので、

「月曜に昼に『ボナパルト（仮名）』、夜に『マトリョシカ』に行こう」

「死にはせんよね……」

「原稿を書き終えるまでは生きねば……」

誓い合った週末。

ところが月曜、私は昼に起きた。

立花から連絡はない。

寝起き一番から最終兵器と思っていたあの店へ……

……いやだそんなの本当はとってもいや。

「立花からの連絡を待とう……」

非常に消極的に、仕事をしたり車を車検に出したりしながら立花を待つ。

しかし一向に連絡がない。

四時半という時間になって、これ以上待つと夕飯もあかんようになると思い、大英断で電話をする。

「もう夜の『マトリョシカ』しか行けぬぞ」

「行くよー。何時に行くー」

「つかおまえ、あたしがこのまま電話しなかったらどうしてた!?」

「電話しようと思ってたよお」

「即答で嘘をつくのはやめろっ」

「そっちの連絡を待ってたの！」

「……それは私もだが」

お互い逃げ腰。

そして私たちは気持ちのいい夜風の吹く中、『マトリョシカ』に向かった。道すがら自転車で、

「この角インパクトに欠けてて、時々曲がり損ねるんだよね……」

そう呟くと立花が、

「角にインパクトを求めてもしょうがなかろう」

と、いかにももっともなことを言うのだが、

「しかしあれを見よ。次の角にはかなり危険に満ち溢れた風情《ふぜい》の……生肉屋さんだぞ。あの次を曲がる、と覚えるようにしている。そしてその手前にあるのが……」

ああ、ものすごく閑静な住宅街に……何故《なぜ》突然こんな頓狂《とんきょう》な店が？

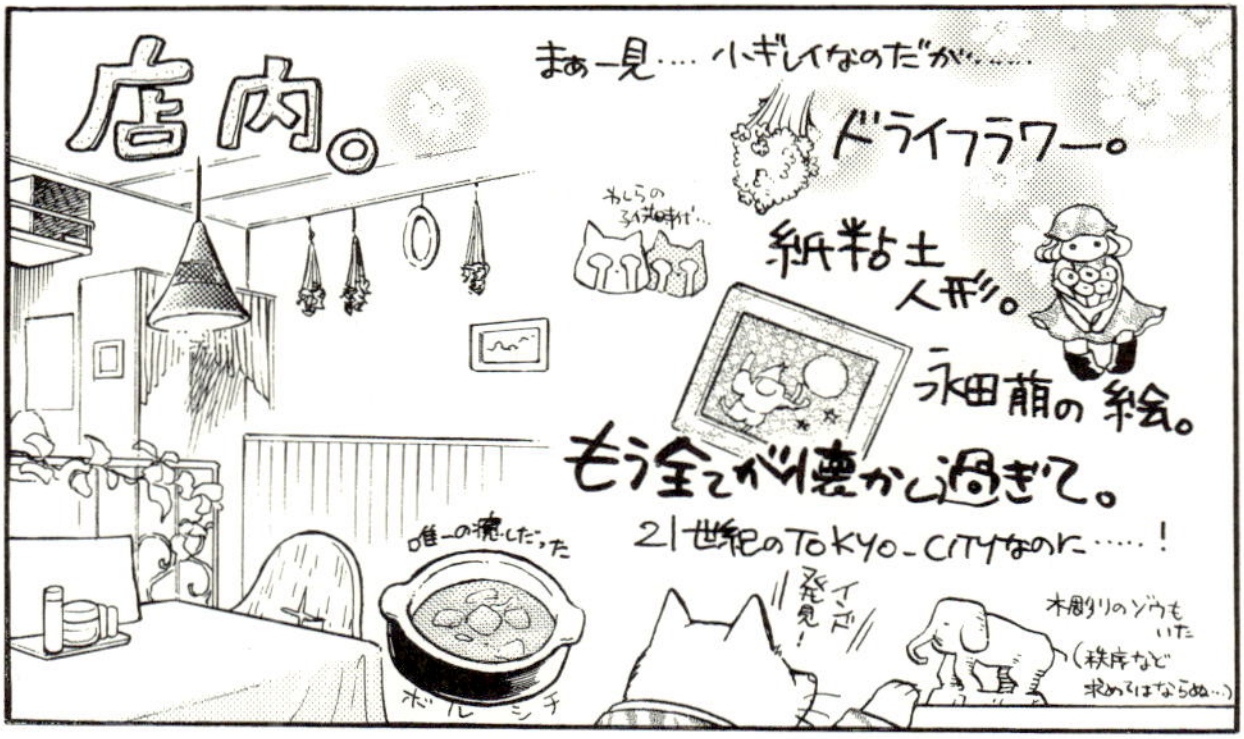
店内。
まぁ一見……小ギレイなのだが……
ドライフラワー。
紙粘土
人形。
永田萠の絵。
もう全てが懐かし過ぎて。
21世紀のTOKYO-CITYなのに……！
唯一の癒しだった
ボルシチ
インド発見！
木彫りのゾウもいた
（秩序など求めてはならぬ…）

「これが……『マトリョシカ』」

二人で自転車を止めて、しばし店の外装に見入る。特におかしなところはない。『インドカレー&イタリアン』の他には。

「ああ、だけどだけど。見て立花……あの二階」

道の向かいに立って見ると、二階に、あばら家《や》としかいいようのない母屋《おもや》がある。古典にこういうのが出て来る。殿の通わなくなった姫の家は朽《く》ち果つるばかり。『マトリョシカ』の二階なのにそんな感じ……。

「あそこにもし店主が住めてたら……中華飯店の二の舞いだぞ」

「住んでないだろう。住んでないだろう」

呪文のように二度唱えて、私と立花は店に突入した。

店の中も……割と普通？

脈絡はないが手作りの人形とか絵とか陶器など飾

られ、ただ時代的には七十年代で止まっている。

「子どものころこういう店いっぱいあったよね」

「そのままやってるんだね」

「偉いね……」

いいところを褒《ほ》めて伸ばして、それがきっと教育。

そのうちに、大変やる気の無さそうな女性が、ふらふらふらふらーと中から出て来た。

メニューを出されたが、何か違和感が。

「あさりとベーコンの……インドカレー」

「パスタではなく⁉」

眉間を押さえて呟いた私に、立花が既に悲鳴。

「不自然なところをチョイスして頼もう。どうせこのピザは業務用の冷凍ピザだ……頼みたくないが『あさりとベーコンのインドカレー』と」

「じゃあ私は、何故なのか『バジル』と『タラコ』のパスタ！　なんだこの取り合わせ！　そして見て！　ここには何故かボルシチが‼」

それで『マトリョシカ』なのか……。

「イタリア、インド、ロシア……脈絡がない。訳を聞かせて……」

食べる前からナーバスだが、プラスギネスで注文する。

もちろん先にギネスが来る。

「ギネスだ……これはギネスだ」

「まだ中華飯店の傷が癒《い》えてないね……先輩。ここはそれほど危険じゃないよ。多分」

「そうだよね……」

と、呟く私の前に、どよん、としたカレーと白いご飯が置かれる。

「………」

私は、ある期待をしていた。

イタリアンの修行をしていたご主人が、小さな店を持とうとした。白くて小さな椅子にはパンジー（私も軽く混乱している）。奥様はインド人だった。「じゃあおまえはインドカレーを作りなさい」。それで『インドカレー&イタリアン』。美しい話だ。

「インドカレーっつったらナンだろ！　普通!!」

「先輩抑えて……」

「すっ、すまん立花。しかしこれはどう見ても欧風カレー……食べてみても……」

口の中で広がるカレーは、「ハウス・バーモントカレー」辛口！　より全然おいしくない普通のカレーだ……インドは何処《どこ》に？

しかも薬味《やくみ》もなぜこうなるという取り合わせ。らっきょに福神漬《ふくじんづ》け。インドカレーでもそこまでは許す度量が欲しい。だが、

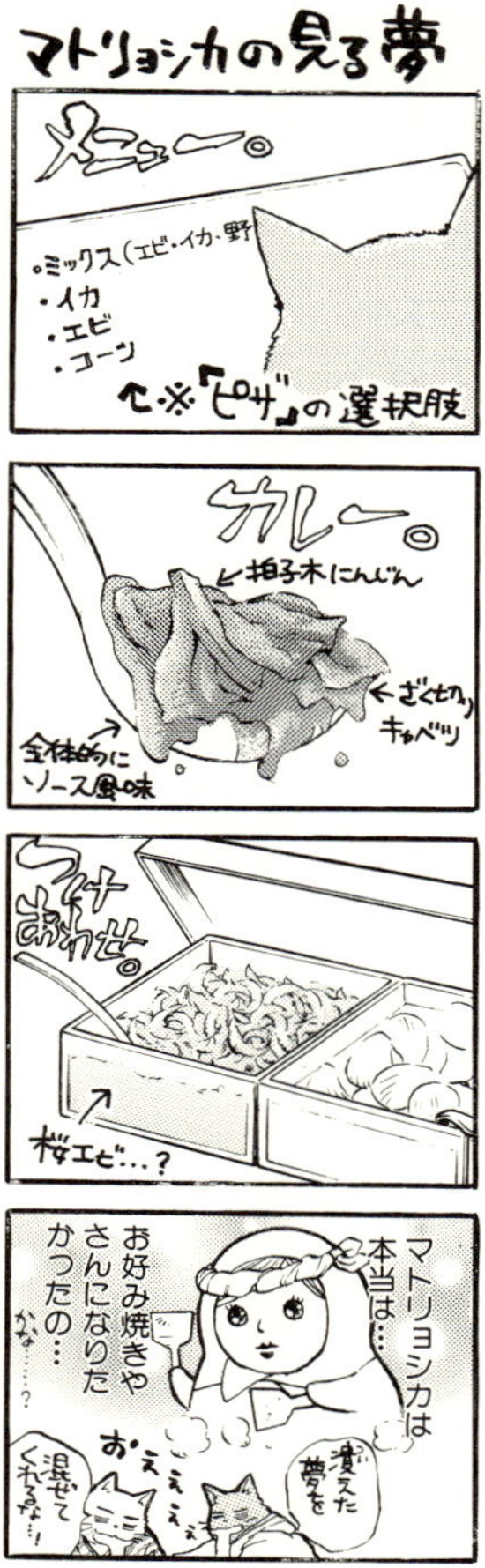

「何故サクラエビ……？　お好み焼きが焼きたかった？」

立花が薬味を見て悩む。

正直、ばっさりカレーがまずいので私はらっきょをかけまくった。

「せんぱーい。それカレーじゃなくてらっきょ食ってませんかー？」

そんな立花の前に、「バジルタラコ」パスタ。

立花無言でしばし食す。

「誰だ！　バジルとタラコが合うって教えたの!!」

「堪《こら》えろ……しかもどう見てもスーパーで売ってる乾燥バジルなのに百円増し」

そこにボルシチが登場した。

これが、意外にうまい。いやうまい訳ではないのだ。普通にちゃんと新しいボルシチだ。カレーは新しい味がしない……。おいしいのはせいぜい三日目までだよ、マトリョシカ！

時折二人してボルシチに逃げ込みながら、それでも皿を交換し合ったりして食し続けた。

「これって、完食がルールだったっけ……？」

らっきょ、もういい、と泣きそうな私に、がんばり屋さんが、

「立花、いきます」

と、カレーも平らげてくれる。

そこに、若い娘が入って来た。そのまま厨房《ちゅうぼう》に入って行く。

「客もいぬのにバイトか？」

「夜には混むのかも」

などと言っていたら二階に駆け上がる音と、

「ごはんよー」

の声が。

「住んでるのか……あの二階に」

「腹、大丈夫っすか。先輩」

「今のところ……」

誰もいぬ間に、厨房を覗き見る。店の中はきれいだが、厨房は混沌《こんとん》を極めている。

「あかんやんけ……。すみませーん！　すみませーん!!」

「はいお会計ですか」

「ええ……あの」

　この際だから聞いてみようと、もう二度と会うことはないだろう人に私は尋ねた。

「どうして『インドカレー&イタリアン』なんですか？」

「それは……昔インドカレーの店で修行していまして。で、ここにお店を出すときに土地柄カレーだけではと思っていろいろ創意工夫を」

「そうですか。でも……」

　これインドカレーじゃなかとね！　と、博多っ子が勝手に喉まで出るが、飲み込む。

「いろいろ勉強しまして。パスタは茹《ゆ》でました……香辛料も育てて貰ってます……」

　明朗会計して、私たちはどよんと店を出た。

「パスタは手打ちです、ならわかる」

「茹でましたて……乾麺そのまま出さない誰も……」

「香辛料ってなんだ……？　なんかの味がした？」

「多分近所の畑で、トウガラシを栽培しているのであろう……立花、うちで『ヴィレッジ』見てく？」

「うん」

「そしたらスーパー寄って、バームクーヘンかなんか買って来て……」

「口直しね……」

「そう……。あたしは修羅場続きで『あり得ない』くらい散らかってるわが家を、『あるかもねー』くらいにしとく……」

懸命に片付ける最中、立花が「くるみのパウンドケーキ」なる素敵なものを買って来てくれる。

「うんうん。あるあるこんくらい」

立花に呟かれ、やっぱでもあり得ないよねーの部屋に招き入れて『ヴィレッジ』を見る。

何故私らがいつも一緒にホラー映画を見ているのかというと、近所にお互い一人暮らしで、一人で見たくないからそれだけだ。楽しい映画なら一人でも観る。

『ヴィレッジ』は、不思議だし映像もきれいなのだが進行がちとたるかった。

「これさあ、あれだよね。映画館で観たよ。確か監督が……なんとかとかんとかの誰々！　って」

「新人じゃない限り必ずつくだろうその『なんとかとかんとか』は。そこが肝心だろう！　思い出せ」

「思い出せぬ」

「この画面の美しさは、ミュージッククリップでも作ってた人かいな」

だらだら観ていると、ついに、映画がだらだらしているせいかものすごい眠気に襲われた。

「立花……あたし眠い」

「自分も……でも寝たら駄目だ……駄目だ」

「でも五分寝たらすっきりすると思うの。五分寝て続きを観ようよ」

「その五分をどうやって判断するのさ」

「なんとなく感覚で掴む」

言いながら私は、立花が携帯を弄《いじ》っているのが見えた。目覚ましを掛けたのだろうと、抗《あらが》いがたい眠気に任せて「ぐう」と寝る。

起きたら五時間経《た》っていた……。

「立花……立花……夜が明ける」

「え……？　だから言ったのに!!」

「おまえ目覚まし掛けてただろう」

「携帯見てただけあれは！」

「ならなんで寝た！」

「五分で起きると言ったのはあんただーっ」

と、揉《も》めながら映画の続きを見る。

「あたしたち……こういうだらだらのぐずぐずから這い出さなくてはと、この企画始めたんだったね思えば……」

「二回連載したぐらいで、人間性根《しょうね》は簡単にはかわりませんな……」

最後、『シックスセンス』の、と出て、

「ほらこれ！」

と、立花が言うので言葉もなく『シックスセンス』のＤＶＤを貸した。

その後、打ち合わせなどしつつだらっとしていたら、テレビに中尾彬《なかおあきら》が出て来た。

立花が中尾彬を見ながら、

「あたしこの人見るとさあ、あのー、この人と仲のいい俳優さんいるじゃん」

「誰？」

「だから、ええとたまにＮＨＫでナレーションとかやってて」

「何に出てる人さ」

「二人で昆布ポン酢のＣＭに出てるんだけどね」

「情報が少なすぎる」

「ドモホルンリンクルのナレーションもやってる人だよー」

その辺りですっかり夜が明け、では『ボナパルト（仮名）』は明後日、と打ち合わせる（打ち合わせか？）。

「水曜は『コジカ』を観よう」

誘うと立花が、

「『小鹿』？　随分かわいくねーか？」

「いやホラーだ。確か」

DVDをじっと観ると、『ゴシカ』の間違いだった。濁点違いで大違い。

翌日、別の打ち合わせに出ていると立花から、

「わかった！　ドモホルンリンクルのナレーションは江守徹《えもりとおる》!!」

というメールが入る。ドモホルンリンクルのナレーションが誰だったかという話に、一日で変化している。

「だから、その江守徹と、中尾彬がどうしたって話だったの？」

「あれ？　なんだっけ。昆布ポン酢のCMに二人で出てる」

「それは昨日聞いた!!」

私はその日打ち合わせた人と、「しいなきっぺい」の名前が出て来ないために二十分時間を無駄にしたばかりであった。これも最後は、私が、「たっぺい！　じゃないけどぺいみたいな！」「し

いなきっぺいか！」「……で、しいなきっぺいがなんだって話だったっけ……？」と、話の始まりがわからないまま結局彼とも別れた。

「違う……ああなんだか全然思い出せない……っ」

「二人ができてるとかそんな話？」

「いやそんないい話ではない」

「いい話なのか立花……明日までに寝ないで思い出しておいてください」

翌日はいよいよ『ボナパルト（仮名）』だ。

最初に言ってしまうが、原稿を書いている今私はすごく具合が悪い。瞬間風速的に具合が悪い。

「逃げてないよ！　何時⁉」

先にメールしたもん勝ちの空気になっていたところ、私は出遅れ、立花の颯爽《さっそう》としたメールに負ける。

「すまん『ゴシカ』は無理だ。もう一個の仕事が同時進行中で」

「では七時半に店の前で」

待ち合わせに、立花は十分遅れた。

「すわ、逃げたかあやつ」

待つ間に私は手もち無沙汰《ぶさた》で、危うく一円だというので安物の携帯を買ってしまいそうになった。会社も違うのに……。

ボナパルト
ボナパルト（仮）
窓からはうすぼんやり黄色い光が漏れる……
電飾（ついてない）
なんでだか赤く光るキー・コーヒーの看板→見るたび不安な気持になります
CAFFE ボナパルト
おかげさまで29周年
SINCE 1977
!?
計算おかしくねえ？
2005年……。

ところでこの『ボナパルト（あくまで仮名）』。私はこの町に住んで一年半くらいまで、つぶれたままになっている廃屋《はいおく》だと思っていた。

それがある日明かりがついていることに気づき、普通に営業していることを知って驚愕《きょうがく》したのだが、見た目は……放置された七十年代のボーリング場。解体する資金もない。そんな感じだ。写真を撮る人が後を絶たないのか、「写真を撮らないでください、ボナパルト店」という貼り紙がしてある。撮ったが……。

看板はいくつもあった。「カフェ・ボナパルト」「ボナパルトカフェ」「サラダ&ステーキボナパルト」「キー・コーヒー・ボナパルト」「29周年ボナパルト」……。「どれが真実なのか……時世のままに立てた看板なのだろうが、次のを立てたら前のは片付けてくれないか……ボナパルト」

そのうち逃げを打っていた立花、「逃げてないって

ー」と笑顔で登場。存分に検分して中に入る。

ここは、きっちり七十年代初頭で時が止まり切っていた。

怪しい店長が出て来て、メニューを出される。

既に、ここで私たちは驚愕。

高いのだ。

「実はカレーとかナポリタンとかオムレツとか、そういう感じで来たんだけど……」

「有頭エビフライとステーキの店なんだね……下にはそんなこと何処にも書いてなかったのに」

「騙《だま》し討《う》ちだ。ぼったくりレストランだ。ステーキ5900円から……」

そこで立花が気づく。

「見てこれ……このうまそうに見える料理の数々の写真」

「は……！　あきらかに雑誌の切り抜き貼ってある!!」

しかし高かろうが写真が偽物だろうが、取り敢えずここのメインを頼まねばなるまい。

「有頭エビフライと、ステーキの一番小さいの。と……サラダと、ライス一枚」

ほどなく、まずサラダが出て来た。

「ドレッシング浸《びた》し……スね。先輩」

「懐《なつ》かしいね……なんだか……父が入院していた病院のふもとのレストランを思い出す。あれは確かに三十年前」

「サラダ一つでそこまで暗くならない！」

立花に叱られ、サラダは危険なところを避けながら食べた。

程なく、ステーキが出て来る。

甘いニンジン、半分油に浸《つ》かったさやいんげん、すっごく危険な油で揚げた感じの黒いポテトフライ。ステーキの上に乗ったバターは変色して黄色い。

「ミディアムレアにしたのに少しも赤くない」

だがこれをレアでっつったら、今頃原稿書けていたか怪しい。和牛、と言い張るがこれは間違いなく絶対嘘だ！　一口食べて、遠くを見る。

「なんでこんなにテンション下がるんだろう……」

「この肉まずいからじゃない？」

「消費期限的にもアウトの味がするよね。おいしくない……」

「先輩。おいしくないんじゃなくて、まずいからこれ」

「そうっすね……」

　三分の二を食ったところで、

「ソースです」

　と、皿の醤油《しょうゆ》にニンニク卸《おろ》し立てのものが出て来る。辛いししょっぱいし食い終わるころ出て来るし……ああ。

　そして有頭エビフライなのだが。

「エビってこんな味だったけ？」

　立花が首を傾《かし》げた。

「おそらく衣をまとったまま冷凍庫で何年も寝ていたのだろう」

「……ああ、そんな感じだ」

ところでこのエビフライは出て来た時に、

「ソースはついておりますが、他にもございますのでお入り用なら」

と、言われたがついていたソースは『キューピーマヨネーズ』だった。

「ならばもう一つのソースは『ブルドックソース』に間違いはない。……すみません！　ソースください！」

間違いはなく、出て来たソースは『ブルドックソース』。

途中、立花はライスのみを食べ始める。

「白飯に逃げ込むな！」

「だってこれだけは間違いないよ姉さん！」

「ここ……三十年前と、レストランスタイルが何も変わってない。多分引きこもりなんだろうあの店主は。新しい野菜や新しいレシピを知ることなく、三十年間ここに引きこもっているに違いない。ああ……隣に素晴らしい最先端のファミレスがあるのに、なんであたしこんなとこで食事を？

それは仕事だから……しかも自分で言いだしたのよね。あはははは」

「誰と喋《しゃべ》ってんの？」

「そこにかかってる不気味な肖像画」

「ああ、誰か油絵やってるね」

「迷惑だよね……」

「だね……」

店内には、お世辞にも心和《なご》むとは言えない暗い油絵が、何枚も飾ってある。

「さあ立花。あなたは『ボナパルト・フルーツ・パフェ』で、見事に仕事を終えなくては」

「そうね……それがあたしの仕事」

ほぼ完食して、そのブツを頼む。

予想に違《たが》わない、三十年前のフルーツ・パフェが出て来る。

「まあ素敵」

店主を前に私は言ってみた。

「何故今そのようなことを言った……？」

「いや、明らかにあたしたちから怒りのオーラが出てると思って、何か言わねばと」

「この大根役者」

「精進《しょうじん》する……」

そして件《くだん》のフルーツ・パフェ。予想と違ったのは、キットカットが二本刺さっていたことだ。

それを一本食べて、

「あはははは！　一本食べてみて！」

立花笑い出す。

キットカットは何処に行ったってキットカットだろうと、私も一口。成人してから一度もしたことのない、その場で口に入れたものを「ぺっ」と吐き出すという行為をボナパルトは私に強《し》いた……。

「これは……」

「そう。何年経ってるか想像もつかないキットカット。ああ食べ進むごとに不思議な味が」

「やめろばか！」

しかし立花はがんばり屋。キットカット、のようなモノ……完食。

「ああ、このパイナップルの色……生クリームが時々あたしを苛《いら》つかせるの。あはは。あたし普段ほとんどしないのに、なんだかすごく食べこぼすわ何故？」

私らはボナパルトで交互に心を何処かに飛ばしていた。

「カウンセリングしようか……？　それは無意識がパフェを拒んでるからだよ……」

誰にだってわかるがな。

そのうち、奥から店主の拍手が聞こえる。

「なんだ？」

「サッカーの予選でしょ」

「……この時間を覚えておいて、家に帰って点を入れたのが日本か相手国か調べる。相手国ならここはスパイのアジトに間違いない」

「しっかりして先輩！」

「じゃあなんのためにこの店を!?」

　私の目はどっかいってたと思われる。

「そうね……何年も、不自然よね。二十九周年やるなら、来年三十周年やればいいのにね」

「あと一年はもつまいと、いつも何処かで思うのかなんなのか……」

「あー、このパイナップルがまったりとあたしを追い詰める」

「がんばり屋さんの言うことじゃないな」

「でもこのパイナップル。つえーなー、お、つえーなー。オラつえーヤツとやるのが大好きだ！」

資料写真
絵担当なので
毎回デジカメで
写真を撮ってきて
参考にしています
しっかり
おさえる
パシャ
見て描く時に
追体験するので
割りとつらいです
おえ
今回も
いろんな写真《カオス》が
撮れました
おえ…
……でも
ん？
混じっていた
心霊写真に
少し癒《いや》されました
…ありがとう
エンターテイナー！
※菅野さんの抜け殻

おばかな悟空《ごくう》がパイナップルと死闘を繰り広げる。

「ぴーっ」

突然人間のものとは思えぬ声を上げて、立花が悶《もだ》え苦しんだ。

「ど、どした」

「思いがけないところに白桃の缶詰が……」

「白桃嫌いなの？」

「好きも嫌いも……この白桃二十世紀から来てる……絶対」

「そういえばホワイトアスパラガスも、遠い昔から缶の中で熟成してたね……」

「そしてこのメロンらしきもの!!」

「らしき……もの？」

「メロンっぽいもの」

どう見てもメロンにしか見えないぶった切られた大きな塊を食べて、立花笑いが止まらない。

「一口、一口たべてみて！」

誘惑に負けてかじる。

「こ、このメロンの素振《そぶ》りをしたものは一体……」

「多分冷凍庫で何年も凍ってた。てへ！　ピッコロー！　助けてくれピッコロー！」

立花は「ドラゴンボール」の世界に、一人行ってしまった……。

「……なんていうの？　二十世紀回顧主義？」

「ああ」

「ああ、じゃねえだろ」

「立花チェリー行きます！」

「それはもっとも危険そうな……」

「チェリーにはこらしめられるよねー。あー、うん！　うん！　うんうん！」

立花一人チェリーと戦う。

最後私たちは無意識に、角砂糖を嘗《な》めていた。これだけはまちがいようにない角砂糖を、私は嘗めたが立花は突然バリボリ食った……。

「おなか痛い」

「気持ち悪い」

「これ気のせいじゃないよね」

「食卓の八割が二十世紀回顧展だったからね……」

そのうち、なんか饐《す》えた匂いがすると立花はぶつぶつ言い出した。私はとっくにやめたはずの煙草《たばこ》が吸いたくてしょうがない。

「我々はネタの宝庫に住んでいるね……先輩。そういえばそこにある『○○荘』というアパートの奥にトタン屋根の危険な中華飯店が……」

「中華飯店だけはもう許して!!」

がんばり屋さんが呟くのに私は絶叫。

そして会計は、六時から10パーセントのサービス料までついて法外に高い。

「サービス料って普通、六時からだっけ」

「いいや二十三時」

「サービスってなんだ？　マヨネーズか？　ブルドックソースか？　それともにんにく擦《す》った手がちょっと臭くてやだなの10パーセントか!?」

「せっ、先輩落ち着いて!!」

私には切実な疑問がある。『マトリョシカ』もそうだが、ここはこの三十年間引きこもっていた料理人の味で店が成り立っている。ということは、「俺はこの味が好きだぜ」という客がいなければおかしい。

だがどちらでも一人も！　他の客に会わなかった。

「やっぱりアジトなんだよ……」

払いたくねーと思いながら会計し、店を後にする。

「大泉学園篇まだまだいけるけど、寿司中華洋食出揃ったし……」

「このままた情報が来ないと……次回は真夏に、恐怖の焼き肉店篇ってことになるね……」

自転車こぎこぎ横をみれば、扉までうっすらと脂《あぶら》ぎった危険極まりない小さな焼き肉屋が。何故かあっちにもこっちにも……。

三ヵ月って短い……。

求ム。いいのあんまり危険そうじゃなくていいから。頼む。店！　お願いっ。

そして立花は中尾彬と江守徹がどうしたのか思い出せぬまま、締め切りの朝が明けるのだった。

三ヵ月って早いよね（前回と同じ切り口だ！）。ところで地震大国日本……私もこの夏帰省からのUターンを地震に阻まれちゃったりなんかしちゃって、この原稿もおっとそろそろヤバイぜてなとこまで来ています。

でも地震、対策しなくちゃと言いながら結構せずに日々を過ごしていませんか？

そんな中、頭が弱いのか強いのかよくわからない相方が、

「あたしもう大丈夫！　窓のところにスニーカー置いたから!!」

言った。

それだけでも何もしないとスニーカー置くのでは格段の違い、と感心していたある日彼女の家を訪ねると（本の山の中から読みたい本を発掘しにいく）、確かにありました。窓辺にスニーカーが。

ぎっしり本の詰まった前に傾いた危険な本棚の、真ん前に……。

「履いてる間に下敷きになるか、履く前にスニーカーが下敷きになるか……どっちにしろおまえは何を考えちょる!?」

「スニーカー、置いた!」

あはは、と笑う立花のスニーカーは今も傾いた本棚の前にある……。そのうち地震がなくても本に埋まるだろう。

そんな立花が、最近私や月夜野《つきよの》を人間にカウントしていないことが先日、判明した。

私と立花の出会いはけっこードラマチックのような気が……するのだが。あるとき私は、友人を介して草彅《くさなぎ》くんのファンの人とメル友になった。もう体力が追いつかず今はとても行けないが、その見知らぬメル友だった方が当時、チケットがとても取れないスマップのコンサートに連れて行ってくださるということになって、何万人と入るスタジアムでのお祭りみたいなコンサート（楽しかったよー）に連れて行って頂いた。初めて会うその方に、初めてのお友達を何人か紹介される。

そのとき、電車で私の両脇に座っていたのは、

「作品は大好き、すっごく好き。すげーいい!!　でもぜってー友達にはなってもらえまいー（そゆこと考えることってあるでしょ!?）」

という繊細《せんさい》な作品を描かれる（本当にいい作品なんだよいつも！　マジで）まんが描きのお二人で、一時間ほど談笑の後ペンネームを教え合いっこして菅野蒼白。

今ではその時どのくらい血の気が引いたかも告白して、最高に楽しい飲み友達として付き合いが継続している。作品は繊細でも本人が繊細とは限らなかった……豪快で楽しい友だ。

その最初の飲み会に、出来上がった、後にデビュー作となった作品を持った立花がいた。

それが私と立花のはじめまして。

私と月夜野は飲み会の席でこれから編集部に運ばれる立花の原稿を読ませて貰って、涙なんかしちゃって、デビューが決まった時はお祝いもした。

いい出会いだ……（遠過ぎる目）。

その後デビュタント立花は、一時期半月も人と喋《しゃべ》ってない！　というくらい忙しくなり、たまに飲んでは（立花は酒は飲めないのだが酔える）、

「半月人と話してないのー。人間と話したかったー。あー嬉しいー！」

と、喜びを噛み締めていた。

それが今ではどうだ。

「人間と喋んないと、そろそろまずいってときあるじゃん？」

「あー、二週間ぐらい原稿やってて、電話取って『もしもし』の『も』が出て来ない時とかね」

私も似たような有り様。

「でもあたし、最近先輩と話すのを、人間と話した数にカウントしてないの」

「なんだとー!?」

二十四時間テレビをずるずるだらだら見て（一応仕事しながらですよ）、昨日なのか今日なのかよくわからないけど近所なので、これで二日のうちにだらっと三食目ね私たち……みたいな、確かにそんな昨日もありました。けど……っ。

「……でも言われてみればそうかもね。最近あたしたちの会話って、『腹減ったー』『メシ何食うー？』『おなかいっぱい……苦しい』『ホラー映画観ようよ』『途中だけど眠い』『寝ちゃおっかー』『寝ちゃったよーっ』『朝じゃん！　なんで寝たのばか!!』『でも最後まで観る』『もう一食食う？』『食う』

『何食う』……リピート」

オールデイオールタイムこんな会話。そりゃ人間同士の会話じゃねーわな！

まあ、三カ月に一度の連載三回目でも、あたしたちクズのまんまですて話なんですが、立花は最近友人S子に、「カス」と言われたという。

この四コマからは想像がつかないかもしれないが、立花は長篇漫画では絵柄も違い涙絞る漫画を描いている。もちろんそちらもいい。しかし、私は常々、

「あんた道を間違えてるよ！　吉田戦車《よしだせんしゃ》のあとを行け！」

と、しきりと勧めているが、S子は、

「あんたの漫画……確かにいいよね。ヒューマニズムだよね。泣いたりしちゃうよね。でも描き終ったあんたは誰？　なに？　ヒューマニズムのしぼりカスだな！」

「カスと言ったか今おまえー!!」

遠慮会釈のない友情……多分その会話も立花は人間の会話、にカウントしていないだろう。神様。いつか私たち真人間になれるのでしょうか？

そんな中、私たちは大泉学園に見切りをつけて（本当はまた地元篇にして、ダチョウのステーキを食べるのを避けたかった）……中央線沿線の死んでるかも知れない店を探訪しに、重い重い腰を上げることにした。

さて、中央線もぐっと下って西荻窪《にしおぎくぼ》。夜中まで開いている非常に趣味の片寄った古本屋とか、

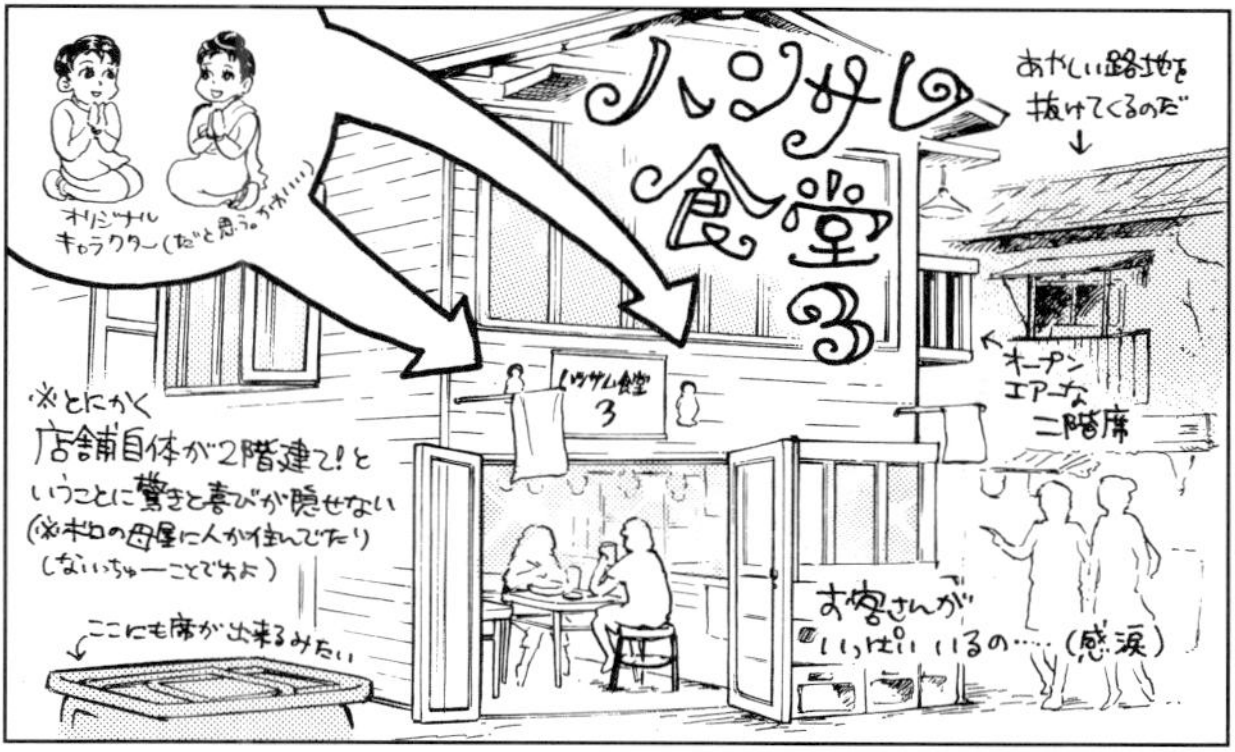

アンティーク着物屋さんとか、この町は不思議な時間軸で生きている。

そんな中、昭和一桁《ひとけた》みたいな細い横町があり、私は常々そこに気になって仕方がない店があった。

店の名前が、まず何よりインパクトがある。そして細い小道に無理やり三号店まで店があって、同じ店名の雑貨屋もあり、そのうえ常に何処《どこ》かが休んでいる（いつも何処かが開いているとも言うが……）。

去年の夏だったか。ものすごい台風が吹き荒れた日に、私、月夜野、Nの三人がこの辺でふらふらと店を捜していた。しかしどの店もただごとじゃない店名がついているし、もう少し向こうに足を伸ばしていつも行っている沖縄料理屋さんに行くかーなんてことを言っていたのだが。

その三店舗のうちの一つの店の前で、信じられない光景を見る。

バーン！　ババーン!!　と唸《うな》りを上げる台風直撃

雨も激降りの中、外にテーブルと椅子を出して楽しそうに飲んだくれている一団が!!

「あそこに交《ま》ざりたい!」

台風は人のテンションをおかしくするのか私は走りだし掛けたが、二人に止められ沖縄料理店の中で外の轟音《ごうおん》を聞いていると、

「止めてくれる友達って大事ね……この暴風雨の中外で飲みたいて、何考えてたんだろうか私は」

と正気に返り、泡盛《あわもり》も進んだ。

そして今回、その台風の日に外で大宴会をやっていた店に行ってみようということになった。

月夜野は忙しい最中だったが、

「私には行く権利がある!!(驚異の中華飯店に付き合ったから)」

と、参加を表明。

何故《なぜ》珍しく乗り気かと言うと、そんなにとんでもないものは出て来ないだろうと、珍しく最初から予測出来ていたからだ。何しろ西荻窪の駅近くで三店舗も経営ができているのだ。

まず今までの店と大きく違うのは、いつ覗いても、無人じゃない。客が! 客という大切なファクターがいるのだ!!

そんな訳で今回は、実は最初から「あんまり死んでない」ことがわかっているので人が集まる……。

私の担当I川さん初めての同行!

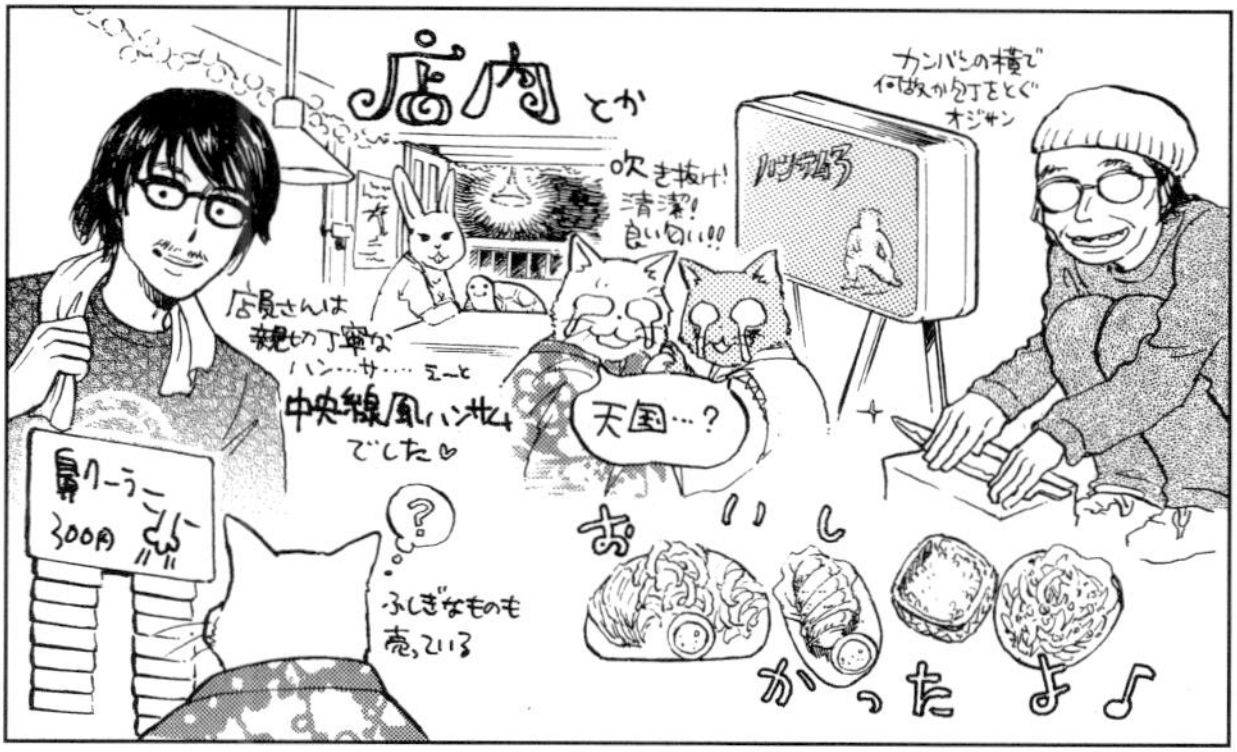

「卑怯じゃないですかー!!」

「いやー、たまには同行しないと。苛酷《かこく》なところはブラックM沢が」

実は、いつか行こうと思っている、立花の見つけて来た千葉の「レストランと○こ」。いくら検索しても「あなたの知ってる霊感スポット」とかが出てきてしまうけど営業している「と○こ」……行きたくねー! 何してんだあたしたちっ。そこに行くときは必ずやブラックが同行してくれると言う……(言ってるのは私たち)。

そして、警察が西荻のその路地にいっぱいいたので、

「あそこでは殺人事件が!!」

と、早とちりをした(注・実際にそういうことはありませんでした)N、なんとなくS子、月夜野、計六人で路地へ向かう。

今日は1号店と3号店が開いていて、2号店がお

休み。屋台チックな1号店は既に常連さんでいっぱいだったので、路地に無理やりきちんとした建物を建てている居酒屋風の3号店に席を貰《もら》う。

しかし。

入り口では何故か、道にしゃがんで包丁を研《と》ぎ続けるじいさん。やはりこの路地……。

メニューはタイ料理だった。

しかし飲み物にはマッコリビール（マッコリのビール割）や、電気ブランなどがあり、あやしげなものを片端から頼む、それが私たちのルール。

だが既にテンションの下がっている私は、普通のタイ・ビールを頼んだ。マッコリビールや電気ブランはせめて月夜野やI川さんにお任せだ。

肉と、もち米と、パパイヤのサラダ。

肉と米がめちゃくちゃうまい。普通に食べられる、というのが私たちの今までの合格点。そうではない。とてもおいしいのだ。

「どうしたの？」

はてしなくダークネスになる私と立花に、皆は陽気に聞いた。

「なんていうの……？　おいしいよね。確かにおいしい」

「でも素直に喜べない」

「あたしたちが二人で『ボナパルト』とか行ってる時の本気のテンションの低さ……見せてやりたい」

「怪しい洋画と喋り出したりするのよ」

「おいしいとかおいしくないとかの問題じゃないのよ。食えるか食えないかってもんをいつも食べてるのよ！」

「それをこんな大勢で！」

「いつも楽しい取材だと思ってない!?　あんたたち!!」

何処までもテンション落ちする私たちに、いつもろくでもない企画を立ち上げる月夜野亮がのたもうた。

「今を楽しもうよー！」

「おまえが言うかーっ、その口で!!」

　立花、私、本気でしとめにかかる。

「私ウイスキーにしようかしら……」

　ふとI川さんが言った。

「そんなまともな……っ」

　ウイスキーを頼もうとしたI川さんを止めようとした私の袖を、Nと立花が引く。

「このメコンウイスキーは強烈で後を引くらしい」

「そうか。なら是非それを飲んで貰おう」

「I川さん、メコンウイスキーで一つ！」

「謀略《ぼうりゃく》の匂いがします……」

　呟きながらも、酒に強いI川さんはメコンウイスキーを注文。

「……ところでI川さん。この店思いっきり生きてますね（暗い）。取材許可取ってください……」

　どんよりと私が、I川さんにお店の方に取材許可をお願いして頂く。

　下で役員会議をしたきたという（本当か）陽気な兄ちゃんが、

「大丈夫ですー。でもNGワードはピリ辛とタイ風です」

「え?」

　最初意味がわからなかったが、ここの人達は皆本気でタイが好きで、タイに足を運び、確かに辛いものはとことん辛いし、タイ風、ではなく料理はきちんとタイ料理なのだ。

「ところでハンサムさんは何処ですか？」

ついでなので聞いてみる。

「このインパクトある店名の由来は？」

そうなのだ。

この店、名を「ハンサム食堂1号店」「ハンサム食堂2号店」「ハンサム食堂3号店」という……。そして看板にはあまり公共性のないハンサムさんの絵が。

「なんだか会議で」

「ああ……いわゆる一つの夜明けの会議ですね。夜が明けるころには、『ハンサム食堂』でいいんじゃない!?　みたいな」

「そうなんですそんな感じです」

となー。

「でも名前のインパクトって大事だよねー、私らもここの店名がずっと気になってた訳だしさ」

そこから名前談義になる。

「そういう意味では『ウンポコ』もかなり成功していると思いますよ。『ウンポコ』も夜明けの会議ですか」

I川さんに尋ねて見ると、

「いいえこれは真面目《まじめ》に決めたんです」

実は、私は何度かこの雑誌名について尋ねているのだが、I川さんは必ず俯き加減でこう答える……。

「ハンサム食堂」。台風の中も陽気に外で飲む愉快な食堂。そのうえ肉ともち米がめちゃうま!!おすすめ。

ここで月夜野が残った電気ブランを一気飲みして、取材ついでに1号店に向かう。こちらは本当にタイの屋台という感じで、また楽しい。メニューも違う。

取材なのでここに私と立花とI川さんが入り、S子は帰宅し、月夜野とNは隣の唐突に高級感のある、しかしいつ覗いても三人くらいで店がいっぱいのワインバーがたまたま開いていたのでそちらに流れる。

途中、雨が降ったが、向かいの焼き肉店では、外国人の皆様が陽気に傘をさして外で焼き肉を焼いている。土地柄なのか……?

ここでは濁《にご》り酒など頂き、タイ気分を存分に味わったが、途中、私は隣のワインバーに前々から入りたかったのに一度も入れてないぜ、月夜ばかりと思うなよ、と、月夜野の首根っこ掴んでチェンジした。その後《のち》I川さんと打ち合わせせねば、とNにI川さんとチェンジして貰う。自由な町だ……。

しばらく真面目に仕事の話などもしていたが、そのうち、隣で焼酎を空けてすっかり出来上がった月夜野、N、立花が隣がしまってこちらに流れてくる。

というよりこの取材、やはりマッコリビールで始まったのがきいているのか。誰も彼もが飲み過ぎである。

中でも、隈無《くまな》く飲んだ月夜野は、普段あまり酔わないのに酔っている。

実は、月夜野は、あれこれ要治療の身でありながら、病院にも行かず薬も飲まず、節制の一つもしていない!!

ここは一つ懲《こ》らしめたらんと、と思い、私は普段そんなことは絶対にしないのだが（本当だよー）、酔った月夜野に、

「その……ハーフボトルで一万一千円のワイン、自腹で開けてよ。石原理《いしはらさとる》先生のイラストの素晴ら

しい新刊出たじゃん。祝い祝い！」

「え？　そう？　あけちゃおっかなー」

しかし店員さんも良心的で、あきらかに腹黒い女が酔った友人に高額ワインを開けさせようとしている現状に、

「で、でも……こちらなどもおいしく」

と、少しリーズナブルなものも出して来てくれたが、

「いやいや。折角ですからこの、ハーフボトルで」

と、月夜野の奢《おご》りで良きワインを開けて貰った……私のみが素面《シラフ》だったので（何故だ）、とてもおいしくワインを味わった。ごちそうさま。

月夜野によると、この会計の辺り記憶がないという。

そして彼女はここまで痛飲したのはほとんど初めてだったので、とことん懲りたらしい（というより要治療……）。一日足りとも飲まないことのない彼女が、一週間飲んでいないという奇跡が起きていた。

「ついにあたしの肝臓がキレたのかしらね……『てめー酷使《こくし》すんのもいい加減にしやがれ‼』って」

「ちょっと待て」

不納得な私は、月夜野の言葉を止めた。

「あんたの肝臓はそんなやつじゃない」

「は？」

「我慢強く辛抱強く、耐え難きを耐え忍び難きを忍んで、文句の一つも言わずに今日まで頑張って来てくれた、A型肝臓だ。その肝臓がキレただと!? 肝臓に謝れ！ そいつは血を吐くような思いで『今まで頑張りましたがもう無理です……限界です』と暇乞《いとまご》いをしているんだよ！」

「……言われてみれば……なんて言い掛かりをあたしは」

月夜野の肝臓の人格について、真剣に揉《も》めてみた。

というぐらい今までになく具合が悪い、というより酒が飲みたくない信じられない自分が訪れたせいで月夜野は、ある日ファミレスで、私と立花を前に自分の死後の財産分配の話を始めた。

「有形無形の財産を友人に分けたい」

「それは本とか？ 頭の中に入ってる蘊蓄《うんちく》なら、出てくるたびにテレコかなんかでためておいてくれないと。無形ってそういうことでしょ？」

だよね？ と尋ねると、

「違う。無形とは口座にある現金のことだ」

と、言う。

「現金の何処が無形だ！ そんなもん友人に撒くなんて話は聞いたことがない。家族に渡せ!!」

と、言うと、

「いいではないか。どうせたいした金額ではない。友人に撒きたい」

「どうせたいした金額じゃないからこそ、分配などされてもかえって迷惑！　じゃあそれを全部、あんたがとても気にしているカンボジアの地雷撤去のために寄付しなよ」

「そうだよ。そしてあたしたちが自腹でカンボジアに行って、月夜野亮《あきら》地雷撤去の碑を建ててあげるからさ。オコジョがシェーってやってる形の！」

　立花と私でとっても名案!!

「いらないっ、碑なんかいらない！　その碑を建てる分を寄付しろ!!」

「あのね、なんのためにチャリティコンサートやらがあると思うの？　ただ寄付っつったって寄付は集まらないの。デモンストレーションが必要なのよ。ああ、カンボジアに寄付すると碑が建つんだなと、そういう礎になるのよ」

「誰がオコジョでシェーの碑になりたいか！」

　月夜野の正論の反論……確かに、逆に寄付が減るかもなーと考えていると立花が言った。

「あのね、平和の象徴とされているあの鳩も、ピカソが書くまでは悪魔の遣《つか》いだったんだよ？　だからオコジョもカンボジアの碑になれば、平和のシンボルになるよ！」

　正論を正論で撃破。

「ところでいつからそんなこと考えてたの？　遺産分配だなんて」

　けったいなことを考えるやっちゃなーと私が尋ねると、

「さっき考えた。酒が飲みたくないあたしなんて死ぬかもと思って」

村村庵支店（仮）
村村庵
おそば
ボロボロだが
住んじゃってっぽい……！
家屋補修は
やっぱガムテっすよね！
オシャレ～！
建築ミスとしか思えぬ
謎のスキマに
ビニールが詰めてある

月夜野からは、がっくりする答えが返るのであった。

そして私と立花は二人、中央線沿線二軒目に真夏の終わりに向かう。

荻窪《おぎくぼ》……西荻の隣。

ここは春の初めに、漫画家のやまだないとさんがご紹介くださった店だ。連れの方が隣で、

「おいおいあの店紹介すんのかよ！」

……と、言っていた店。

くわしく尋ねるとここは、荻窪に同じ名前の蕎麦《そば》の超有名店があり、同じ名前で支店、となっている。

有名店の本店の方は店構えも美しくニューヨーク支店もあり大正に創業しており、しかし検索すると必ずその同じ名前の「支店」も引っ掛かってしまうのだという。

「わざとなのよ多分……行けばわかるわ関係ある訳ないのよ……」

ないとさんは言う。なんちゅうこすっからい店だ。様々話を聞いてこれは確かめに行かねばと、ほとんどおでかけをしなかった真夏の最後の日、立花と私は猛暑の真昼に荻窪に向かった……。

ないとさんが丁寧に支店と本店の両方の情報を教えて下さったが、私たちの仕事は「死んでるかもしれない店探訪します」なので、取材前日立花が「支店」の方に営業時間の確認のために電話を掛ける。

すると「支店」のおかみは言ったという。

「お蕎麦ですか。お蕎麦でしたらこちらの電話に……」

教えられた電話は「本店」のもので、

「よく間違えられるからまたかと思ったのか。意外に良心的なのか？」

こすっからいと決めつけていたが、たまたま店の名前が同じで近所に大有名店があるからと言っていまさら変えられぬし、こちらも困っている、ということなのか？

淡い期待は、外観で見事に打ち砕かれた。

私たちも、いー加減わかってくる。ヤバイ店はやっぱり建物が相当ヤバイのだ。住んでるらしき二階の母屋《おもや》がかなり危険なのだ。崩れた壁割れた硝子《ガラス》、あっちゃいけない建物の透き間はビニールと新聞紙で埋めたらあかんだろう……。

「入りたくねー!!」

太陽の下、私は叫んだ。

だが入らない訳にはいかない。わざわざ遠出して来たのだ。ああ、暖簾《のれん》も汚れている……扉はガムテープで補強してある。

しかし思い切って入る。

「客が……いるじゃん」

いらっしゃいませーの声とともに私たちは、テーブルについた。

「中に入ると意外と……」

普通? と良かった探しをしようとしていると立花が、

「先輩先輩、今二十一世紀だって知ってた?」

心を逃がしてあげようとしていた私を、立花が止める。

かつて座敷だったとおぼしき場所は物で埋まり、どうやらここには昼時にガテン系のお客さんが二人くらいは来るらしく(腹に耐性菌を飼っている)、その人達のためにか、チェ・ジウ、上戸彩《うえとあや》、仲《なか》間由紀恵《まゆきえ》、等の何か悲しい感じのする新聞からの切り抜きが座敷に並んでいる。

「この店には心のオアシスが必要ってことだね……」

「中華飯店の黒木瞳《くろきひとみ》のように」

私たちは第一回の中華飯店のことを、いつまでもいつまでも多分墓までも忘れないことだろう。

今でも中華飯店と聞くだけで震えが来る。

「もり蕎麦と……カツ丼かね」

「それが順当であろう」

カレーなどで茶を濁してはなるまいと、その二つを頼む。

人の良さそうなおかみさん。サービス、とみそ汁をつけてくれたが。

「意外に……普通だよ、先輩」

かかかっ、と立花は蕎麦を食す。

私の目の前には、どす黒いカツ丼。油が真っ黒なのだろう、ダシじゃなく油が黒いカツ丼。

しかも店は、地盤沈下なのか建物がもうあかんのかあきらかに前に傾斜していて、時折器《うつわ》がすーっと出口の方に向かうのを止めながら食べなければならない。

「みそ汁うまいよー」

立花は、無言でカツ丼を食す私にみそ汁を差し出した。

「待てコラ立花」

一口飲んで、私も箸を置かざるを得ない。

「えー、おいしくない!?」

「いいかよく聞け。この具を見てみろ。キャベツネギナスジャガイモ豆腐大根。……いつのみそ汁だ? いつから注ぎ足され注ぎ足されし続けたみそ汁だ!?」

「そーかなー。あー、なんかこのソバカビ臭い。なんでだろーなんでだろー」

「やめろおっ!」

「なんでカビくさいんだろー」

立花……蕎麦も、分け合った黒いカツ丼も完食。

ちなみに蕎麦の汁《つゆ》には、何かしみじみとした脂《あぶら》めいたものが浮いていた……。

完食後立花、先週号のジャンプを読み出す。突如笑い出す立花。

「あはは、先輩。あたしねー、おなか空いてたみたい。朝から何も食べてないのー。空腹は最高のスパイス？　今目が覚めて来たー全てが見えて来たー味が口の中に返って来たー」

「真面目な話、本気で気持ち悪くない……？」

「うん！　あたしも今それで気が付いた!!　あの油だね！　カツ丼の」

「カビ臭いと言いながら蕎麦を食い続けたのは何故？　立花……」

「理由を突き止めたかったの!!」

「理由はカビてるからだろ!!」

私は……何が辛いて店が不衛生なのが辛い。立花の小さな小さなゴのつく友達、蕎麦のザルの下からお二方登場……そしてよく見ると灰皿には灰と誰かが捨てた干からびた蕎麦が。

「で……出よう……」

「う……うん。先輩ー、気持ち悪いー」

会計のとき、立花はその気持ち悪さが込み上げたのか、けろっとおかみに聞いた。

「ここ、支店って書いてありますけど本店はどちらで？」

おかみ、飄々《ひょうひょう》と答える。

「○○の方に（本店の位置である！）」

「ババアさらっと嘘つきやがったな今！」

もう私たちも人間が変わっている。

店を出て、車に轢《ひ》かれそうになりながらよろよろ歩くあたしたち……。

「胃薬……そしてきれいな喫茶店に入りたい……」

こうなるとどうしてもきれいな喫茶店に入りたい。妥協したくない。もう清潔ならド○ールで充分！　しかしド○ールは果てしなく煙草の煙で煙くて、今の私たちには無理だった。

途中、立花が超怪しい名曲喫茶に入ろうとする。

「貴様何を考えている……この上そんな」

言いたいが声が出ない。

奇行に奇行を重ね、私たちはアフタヌーン・ティールームのある駅ビルにたどり着いた。途中、

いらっしゃいませ〜
おお胃薬
①入店したコンビニの胃薬の前に座りこみ
②なぜか地図を広げてブツブツ言って
フラ〜…

ありがとうございました……？
③何も買わずに出て行った。
ガーン
!!
先輩……ご自身の奇行に
自覚はおありで……？
はあ？
全部支店のダメージのせいですよ…
いつもこんなじゃないんだよ！ほんとだよ！

そんなに高級でもない鞄《かばん》を眺めて立花が呟く。

「あそこの料理とこういうとこの高級なバッグなら、バッグの方がおいしく食べられる気がしない？　どっちかを選べって言われたら、あたしなら迷わずバッグを食うね」

その上荒《すさ》みきった立花は、ティールームの入り口で中学生がパスタを食べているのを見て、

「ガキがいいもん食ってんじゃねーよ」

ちっ、と舌打ちまでする……。

カテキン消毒したかったのだが、ないので私はダージリン。

「あたしは牛乳めいたもので胃に膜を……」

立花が言うので、

「遅くない？　それ」

と、言うと立花はキレて、

「何かさせてよ!!　あたしのこのキリキリ言うている胃のために!!」

泣いた。

実際、さっき食したものが何処に今いるのがわかる。

そんな中、

「水も飲めるね……ダージリンも染みる……」

そのダージリンが、私に、ふと限界を教えた。

「ちとトイレ」

美しいトイレに向かう。

もうそこまで来ていた。

書きたくない。こんなこと書きたくないが、私は、あんなに気持ち良く水のようにオール・リバースしたのは初めてだ……。

「お……オール・リバースして来た……。あのようになったのは初めてだ……」

戻り立花に克明《こくめい》に告げると、二人同時に同じ単語が出た。

「マー・ライオン……」

その後、充分に休憩を取って、こうなったらおかみの言葉を突き止めねばと、歩いて十分ほどのところにある「本店」に向かう。

「…………?」

「…………」

中に入って、その美しさと清潔さ、手打ちの修行をする幾人もの青年、メニューの新しさと豊富さ、中庭の百日紅《さるすべり》と白い美しい夕顔に呆然……。

「関係……ある訳ないだろうこの店とあの店が」

お稲荷《いなり》さんの見える席に通され、鴨《かも》せいろとせいろとせいろを頼む。立花は、

「カテキン消毒」

と、緑茶を。私は、

「アルコール消毒」

と、焼酎を頼む。

蕎麦は、

「これが……蕎麦だよね」

「こんなおいしい鴨せいろ食べたことない……」

私たちを泣かせた。

私はこの店で、ないとさんに電話をかけてみた。

「ないとさん！　すごかったよあの店‼」

しかしないとさんが行った経緯は、取材などの私たちより切ない話だった。

「あたしたち年越蕎麦を食べに行ったの……。で、本店がいっぱいだから、そうだあそこに支店がと思って。扉開けた瞬間しまったと、思ったんだけどね……」

年越蕎麦……？　あそこで……？　悲しいよ悲しすぎるよないとさん。

「アルミの急須に蕎麦湯出て来たでしょ。あたしたちの時はそれ、手をつけなかったらそのまま隣のじいさんにまわされたの……。え？　あたしたちのときはよく間違えられるけど本店とは関係ないって言ってたよ？　嘘をついたの今日はおかみさん。レベルアップしたね！」

ないとさんは人情家で、文句も言えないくらい悲しい気持ちになって支店をあとにしたという……。

だが私たちは聞いてみた。お会計のときにお店の人に聞いてみた。

「駅の方に同じ名前の支店ってありますよね。ここの支店なんですか？」

その問に、どーにもならないやり切れない答えが返る……。

「はー、あのー」

店主の顔も暗く、苦い。

「先々代が……なんだかここで修行した方に暖簾《のれん》分《わ》けしてしまったらしくて。今ではご縁もないし、出しているものも全く違うらしいんですけどね……」

おかみ、ごめん。嘘じゃあなかったんだね……。

でも先々代からどの辺で道が分かれたのか、もしかして先々代から貰ったツユを継ぎ足して使い続けているからあのように不審な物が浮いていたのか、油も分けてもらったのか……お願い全部捨ててやり直して！

まあ、これは今となってはお互い名前を変える訳にも行かず、親の親が、みたいな話でどうにもならない責めることもできない、支店は支店で肩身が狭く、本店は本店で苦い思い……時折サライなどにも載る有名店と支店を間違えた客が怒鳴《どな》り込んだりするので、おかみも、

「お蕎麦ならあちらへ」

と、電話でわざわざ教えてくれたのだろう。

「教訓を得たね……」

西荻まで十五分、と言われて、十五分を何かに乗る気になれずに寄る予定のN宅まで歩く。

「無闇に暖簾を分けてはいけない……」

「お互い辛い」

「全く」

歩きながら私は担当I川さんに、携帯でメールを打った。

「オール・リバースしました。ブラックM沢に次の『レストランと○こ』は一緒にとお伝えください」

すると、

「ブラックは登場はもっと後だと言っています」

ブラック……。

「そんなの許すまじ！　赤と青より」

メールする。ちなみにI川さんは緑である。戦隊ウンポコ……。

そしたら返事が来た。

「赤とか青とか言われたらブラックはちょっと友情を感じたようです」

ブラックM沢……今までなかったのか？　友情は……。

ところで私たちはこの日、油で気持ち悪くなったり炎天下をこの夏初めて（……駄目人間）歩いたりで、Nの家にたどり着く頃には生きてるかもよくわからない屍《しかばね》と化していた。

「少し寝てく？　お茶何飲む？」

修羅場中だというのにNはやさしい……。

しばらくして私は、何故私たちがここでコト切れたままなのか気づいた。一食目をリバースした。

結果、一日のうちにセイロ一枚しか食べていない。エネルギーが切れたのだ。

「米が食いたい……」

「せめて梅干しと米があれば……」

独り言だったんだすよ！　私も立花も！

そんな独り言にN、ご飯とお味噌汁、梅干しとハタハタの干物を出してくれる……。

「これがみそ汁だよ立花！」

「うん！　あたし間違ってた‼」

「ありがとうＮー！」

エネルギー補給して、すっかり元気になって私たちはタクシーで帰途についた。

食べるってとっても大事なこと！

帰り道、本店と支店で何を学び直したのか、唐突に立花が言った。

「……生き方について考えさせられるよね」

車の中で唐突に言った。

「何が？」

「だからさ。地雷撤去に遺産を寄付しても、オコジョがシェーってやってる碑を建てられるような生き方を、あの人はしてきたってことじゃない……」

「確かに……ご陽気にな。もう取り返しもつかんな。建つもんな必ず、その碑は」

「せめてあたしたちは気を付けよう」

「まともな碑が建つように生きような……」

誓い合う私たちが、メシを食わせてくれたやさしいＮに残した言葉は、

「ありがとうエネオス。ＣＯ２は地中に埋めてるか？」

だった……。

判★定
あざやかに!!
ありがとう。
ハンサム様…
生
村村庵
支店
死
ザー
(マーライオン)

先日、いとやんごとなきお方の結婚式があった。

私は彼女と同級生だ（もちろん学校は違う）。だが修学旅行の日程がぶつかって君のお陰で入れないところがいっぱいだったよとか、親に「嫁に行け」と言われても、「ほらあのいとやんごとなきお方だって同い年なのに」と盾《たて》になって頂いたりとか、クラスに紀子が五人いたりと様々思い出深い人なので、我がゼミでは、「今までありがとう」と同ホテルのレストランで同日同時間に盛装でパーティをやろうではないかという話を、前々からしていた。割と本気の計画だった。

「ご学友ですか？」

と、尋ねられたら、

「大切な心の友でした」

と、みんなで号泣《ごうきゅう》しようと本気で計画していたのだが、近づいてからぬかった。

冬のくずども
菅野さんちにこたつが出ました。
寝ちゃうんだよどうしても…
踏ん張りなよ先輩ー
くずクッション
そうね今年こそは…
…
すー
すやすや すや すや
5時間後
寝なーって言ったじゃん先輩〜
先に寝た奴が何抜かす!!

四回目の試練
馬場の次は早稲田界隈篇

火曜にやるとはフェイントだわよ。

その日私は午後八時半に起きた。仕事をしているとリズムが狂ってこんなのもうしょっちゅうだ。私が計画の失敗を知らされたのは携帯にゼミの連中から、

「忘れてた！　今日だよ!!」

と、メールがさんざ入っていたからだ。

ま、しかし夜のニュースを見ていると、そんな陽気な盛装の女達がとても近寄れるような某

ホテルではなかった。

「仕方ない……」

このだらりーを卒業しようと誓って始めた連載の相方《あいかた》に、野菜がそろそろ土に帰ってしまいそうなので電話する。

「……もしもし」

「もしかして寝ていたのか立花」

「今起きようと……」

「いや……私も今さっき起きた。午前三時ごろ昼ごはんをしようと思うのだが、来ぬか。豆乳鍋だ」

「行くー」

想像の中で起ききっていない立花が、だらり、と熟睡して持ち上げても寝ている猫になる。

午前三時近く、

「あいつ覚えとるんかいなあの電話……」

一仕事終えて鍋を仕込んで、ご飯を三合炊《た》いた。立花は「米食い」なのだ。鍋を食いながら二膳、さらにおじやも食す。

私が以前月夜野《つきよの》がいるときに四合炊いていたら、月夜野は目を瞠《みは》っていたが、立花は残さず平らげていった。

豆乳も吹きこぼれるころ、立花現る。ヤツはうちの双子の悪魔にとても懐かれていて、一度四日ほど留守を頼んだら、白猫蛍雪《けいせつ》姉妹は、「撫でろ」と首を差し出す「わらわは満足じゃ」の「わらわ猫」になっていた。立花が撫でくりまわしたらしい。

姉妹と戯《たわむ》れる立花をよそに、鍋仕立て上がって、何人分かよくわからん量を二人で完食。

別に問題ない。おいしい豆乳鍋を完食するのは。

問題なのは……。

「そろそろだね……」

「そろそろ行かんとね……」

だらりー、と絨毯《じゅうたん》とクズクッションに倒れて、二人でネガティブモードに入る。

何があろうと完食、すごい店探して完食、の四回目……。

そんな中、「おはよう日本」が始まり、私らは昨日の結婚式をここで初めて端から端まで観る。

「昨日だったんだー、結婚式」

立花も世間から遠い。

「あたしも起きてから気づいた」

「あ、高橋尚子優勝したじゃん」

同日、復帰後のレースで見事優勝した高橋尚子の映像を、私はこのとき初めて観て畳に倒れた。

「何倒れてんの」

立花にも不審がられる。

「いや……あたしこの人がもう一度頑張るって言ったときにさ。年近いじゃん？　なのにフルマラソンじゃん？　高橋尚子がもう一度頑張るならあたしもぐだぐだしてないで頑張らないとなーって、思ったんだよね……。丁度、今日こっから丸一日起きてなきゃいけないんだけど……」

「なら頑張って起きてりゃいいじゃん。高橋尚子は頑張ってるよー」

立花言うのに、今全然頑張れない駄目モードの私、なんでこんなことを自分に誓った上に立花に話して、その上本気で誓いを破ってはならぬような気持ちになるのかさっぱりわからんが、

「でもあたしは丸一日だが高橋尚子は二時間半しか頑張っていない!!」

「じゃあ42．195キロ二時間半で走って来い！」

「おまえが走れ!!」

朝から頑張りたくない頑張り屋さんたち訳のわからん口論の果て、「んじゃまた」とだらっと別れ際、

「今回は早稲田界隈《わせだかいわい》という、すごく大ざっぱな感じで行こうかと……」

軽すぎる打ち合わせを済ませる。

今回は、「早稲田篇」、というより「地理間違い篇」、と名付けたい……。

と、いうのも。

まず最初に何故早稲田になったかと言うと、おこじょ月夜野の姉、ジャマイカS子さんが、

「なんだかインドシナ料理カンボジアというのがあって、怪しくて入れないのよ……」

と、言ったところから早稲田に場所が決まったのだが、この「インドシナ料理カンボジア」が伝言ゲームで、「トルコ料理アンコールワット」になって私の下《もと》へ届く。

「そりゃ地理的におかしいだろ!?」

という訳で即決だったのだが、伝言前の、「インドシナ料理カンボジア」は地理的には合っている。だが店構えがとにかく怪しいと言うので、高橋尚子が頑張った日からの駄目っぷりをひきずったまま、高田馬場早稲田口での立花との待ち合わせの日を迎えた。

今一つ、ここが本当に怪しいのか、ネタになるのかと不安で、というか私の心はもう「トルコ料理」だったので、馬場の他の店もあれこれ調べて行くと、立花も四回目にして同じ勘を備え付けてしまったのか、プリントアウトした紙の束を持っていた。

お互い、「高田馬場」、「多国籍料理」で検索しているので、店が「ミャンマー料理(ビルマ料理と書くべきなのかまだ悩んでいるがそれについてはまた後程)」、「トルコ料理」「聞いたことも無い国の料理」、と偏っている。

「取《と》り敢《あ》えず『インドシナ料理カンボジア』に行って見るか……ええと早稲田大学方面」

「あっち」

この件についても、すぐにくどく説明するが、ド方向音痴の立花が、迷わず早稲田大学方面を指す。取り敢えず立花が指した方向は、私としては全て疑う主義だが、このときこればかりはさすがに疑いの余地がないことを唐突に思い出す。

「……時々忘れる、もとい、時々思い出すけどそういえば立花は、都の西北早稲田に何年も何年も通っていた（四年を越えて通った）秀才だったのだな！」

「なんで忘れるのよ！」

何故《なぜ》と言われても。

例を出せと言われればこの女、先日故《ゆえ》あって私とともにひばりヶ丘に出向いた。ひばりヶ丘は、ひばりヶ丘団地という巨大な団地がある団地町だ。その駅からバスに乗って団地の中を通り抜ける時に、この早稲田大学国文卒の女が発した言葉は、

「わー！　ちょー団地ー！　ちょーちょー団地ー!!」

「おまえ……卒業証書を見せろ!!」

そのときは、恥ずかしさのあまり私の声も裏返ったものよ……。

ああ、だが立花はなんと、六大学卒なので知恵深く財布に必ず昭和生まれの小銭を入れている。これは先日「バック・トゥ・ザ・フューチャー」が観たくて観たくてたまらなくなり、何度もそういう気持ちになるのでＤＶＤを買って立花とぼやっと観ていたときに立花が「あたしね……」と、そっと明かしてくれたことだ。

「なんで？」

嫌な予感がして、あんまり聞きたくなかったが私は聞いた。

「いつタイムスリップしても困らないように。ほら、マイケル・Ｊ・フォックス困ってるじゃない！」

得意満面、立花は言った……。

「バカなんだなおまえは……」

「そんなこと言って、一緒にタイムスリップしたとき泣くのは先輩よ!! 十円の価値だって今と違うのよ！」

「……そうだな……そのときは土下座して立花に縋《すが》るよ、泣きながら」

ある意味立花の脳は常に回転している……。

そして早稲田口に戻る。

「卒業証書を見せられぬなら、空気を漂わせろ……六大学出の。自分で早稲田っぽいとこ普段からアピールしてみい」

アピールを強要すると、立花は茶色いくるくる頭に、けもけものムートンを着て肩をすくめると両手を開いて、

「あふれるチセイ（はあと）」

濃いー化粧でにぱーっと思いきり笑ったので、そこで私はもうこいつが早稲田の国文卒であることをきれいに忘れることにした。卒業証書も有効期限切れだ。

「もう今日は疲れた……」

がっくりと項垂《うなだ》れ、立花の溢れる知性と寒さのせいか私は、最初からこの日はやる気がなかった。

というより高田馬場はネタの宝庫過ぎて、何処《どこ》に入ってもいいではないかという気持ちになっ

たのが、いけなかった。

まず、真っすぐ駅三分の「インドシナ料理カンボジア」に向かう。

見上げて、いつもとは違う絶望。

「ダメじゃん……」

「卒業コンパで来たよこの店……」

「てゆうかみんなわかってないよね、入れそうもないヤバイ店っていうのをさ」

そもそも今回、私たちがこの店はネタにならんのではと思ったのは、ぐるなびだのホットペッパーだのに引っ掛かっていたからであった。

「ただの陽気な、エスニックダイニングバーじゃん……」

つまり、ジャマイカS子さんとしては怪しい店なのだが、エスニックとしては普通のきれいな店構えなのだ。中も満席でお客さんも異様に盛り上がっている。

生きていることは、それを見なくとも来る前から明白だったのである……。

きっと料理もおいしいだろう。機会があったら行ってみたい。

「しかしそれでは仕事にならんのじゃ……」

お互い、ネットで検索しまくって来た紙の束を出す。

「先輩……駄目じゃん!!」

立花に指摘された通り私は……私は最初の伝言ゲーム間違いのおかげさまで、前述の通りトル

コ料理が食べたくて仕方なかった。なので次々トルコ料理の店案内が出て来るのだが、

「これぐるなびじゃん！　これホットペッパーじゃん!!」

「あ……ホントだ」

そんな生きてることがわかってる店に、入る訳にはいかないのだ……辛《つら》い。

「もー」

そして何故か立花が、外国の人が日本語に訳したらしき、高田馬場のミャンマー料理の店の情報を取り出す。

「あ、きれいなお店。でもミャンマーってどこだっけ？　インドの近く？」

「タイの方だよ!!」

「あそっか……あ、れ？」

「じゃん！　上が一番きれいでまともそうなお店になっています。何故か高田馬場だけで六軒もあるミャンマー料理……」

突然立花は紙芝居を始めた。捲《めく》る度《たび》、店が一つずつ怪しさを増して行く（早稲田口で、私一人に芸を……）。最後の二軒は、読んでいてふっと目を逸《そ》らした。メニューに書いてあるものが何もなく、「ロブスターを」と頼んだら巨大なロブスターを訳のわからん香辛料で煮られたとかなんとか……。

「立花……今日はばっくれてトルコ料理食わんか」

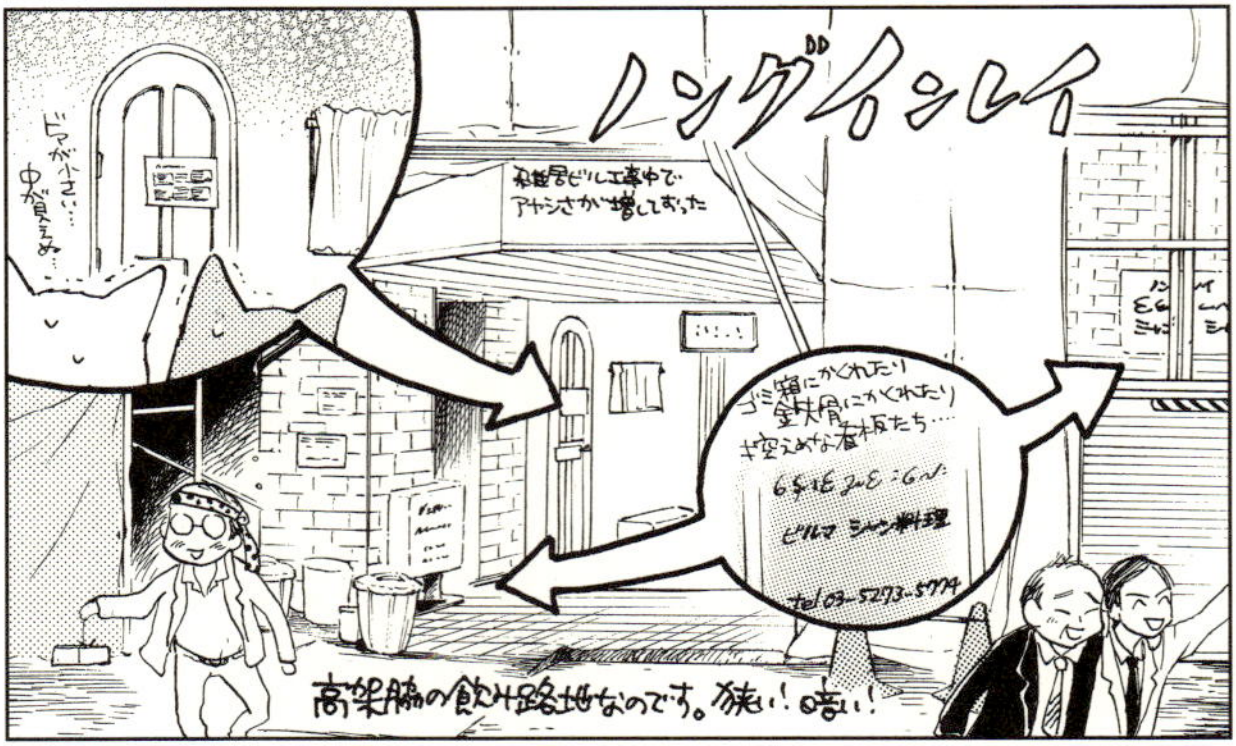

「先輩！ お仕事!!」

ここで私は仕事を放棄したが、立花はその一番下にある〝スタート「ヌーン」、エンド「ミッドナイト」、ミャンマーの男性しか来ません。ベンチの置いてあるかろうじて店のような店〟、を真剣に探し始めた。

早稲田口から徒歩三分。

ということはこの近所のはずなのだが。

結果、一時間半、立花はこの店を探し続けた。頑張り屋で根性のあるおまえに、高橋尚子に誓った気持ちは丸ごとくれてやりたい……。

いや、私もいけないのだ。

さあ、くどく立花の方向音痴について語ろう。

私たちが立っていた店の一本道を隔《へだ》てたビルに、目的のミャンマー料理屋はあった。しかし私は立花ナビで歩いた。何故そんなことをしたのだあの日の私よ。やる気がなかった。他に言いようがない、そうやる気がなかった。

「もういいよー、ここ、ここでいいよ立花ー」

「見つからなかったらね。見つけるけどね!」

答えてくれたのは最初の三回。都合十回はちょっと見かけた怪しい店で済ませようとした私に立花は、後半返事もしてくれぬ。

だが。

「早稲田二丁目なんだよね……近い筈」

から、かれこれ一時間半。

走馬灯《そうまとう》の様に思い出す、立花迷いの記憶。

前回の荻窪《おぎくぼ》の蕎麦《そば》屋の時だった。私の手元の地図をぱっと取って立花、斜め一本違いに歩き出す。

「……聞いておきたいことがある」

その肩を叩いて、私は確かに聞いた。

「方向には自信があるのか?」

「いや全然」

「なら何故おまえが地図を持つ!!」

と、地図をひったくった。あのオールリバース荻窪。

その後、心に刻むしかない事件が、前述の、「ちょー団地ー」から乗ったバスの果てでも起きている。

私たちは「ちょー団地」のひばりヶ丘駅からバスに乗って、某大学の大学院に行きたかった。地図を見るとその大学院は、セブンイレブンの裏の方にある。だが降りたバス停が多分道一本手前だ。あのセブンイレブンではなく、このもう少し先にもう一つセブンイレブンがある筈だ。

と、地図を見て歩きだそうとした私に、

「先輩、先輩あそこに目印のセブンイレブンがー」

と、どうしても立花が逆方向に行こうとする。

「だから、あっちが田無《たなし》で、ここに校門がないとおかしいし、交差点の名前が違うから」

くどく、あのセブンイレブンではないと私は立花に説明した。

「でもセブンイレブンがー」

納得しないので通りすがりのおじいにも聞いた。そのセブンイレブンの方向に歩くと、目的の住所から番地が一番上がる。下がらなければならないのだからやはり間違いだ。

「この世に何軒のセブンイレブンがあると思っちょる!?」

セブンイレブン、という目印に気持ちを捉われた立花には、次のセブンイレブンを見せぬことにはいくら東西南北言うても無駄だと悟り、私は立花の後ろ襟《えり》を掴んで引きずって次のセブンイレブンまで走った。

「このセブンイレブンの裏だ!!」

「ノー！　またセブンイレブンがー!!」

見たら立花は納得したが、あのとき地図と立花だけがあそこにいれば、永遠に最初のセブンイレブンの周りを巡っていただろう……。

この過去は二つともごく最近のことだ。

なのに。ああなのになのに。私のやる気よ。

「早稲田二丁目なのにー」

という立花の台詞《セリフ》を聞いておきながら地図を見ることもせず、神田川《かんだがわ》沿いの何もない川端を歩いて、通り越し、「下落合《しもおちあい》」という住所を見つけてぎょっとするも手遅れ。店のことについては後

に触れるが、食事を終えて店を出ると目の前に、高田馬場駅の早稲田口が。

しばらく、私は「そのこと」に気づかなかったが、三分ぐらいで、

「さっきいた真隣『カンボジア』から、一時間半掛けてぐるっと回って店についたのか……？　立花」

「あはは……気づかないでくれたらどんなにか！」

「魔法にかかった気分だあたしは!!」

ここに誓う。

二度と、立花に地図は握らせぬ……。

そんな立花、しかしあきらめないところがやつのえらいところ。一時間半だぜ！　普通もう帰りたいぜ!!　しかしやつは早稲田卒なので、知らないことは人に聞くという最終手段を持ってい

る。

かなーり、そのミャンマー料理屋に近づいた時点で、立花最後のコンビニに特攻する。かなり長い時間店の人に道を聞いている。十五分くらいだったか。

「今度こそわかった!!」

くわっと振り返った立花、その日やる気だけでなく「気」も薄かったのだろう私の鼻先を掠めて店を飛び出して行った……。

そして道の何処にも私の姿がないのに、

「何処に逃げたーっ!!」

という後ろ姿で左右を見回している……。そのまま自由に探させてやろうかと思ったが、またあらぬ方向に駆け出しそうになったので、慌てて私も店を出て立花の肩に手を置いた。

「逃げておらぬ……」

今更本気で逃げたかったが、もう、おまえの好きなように好きなところに行こうと呼び止めた私を、

「逃げたかと思ったわ」

と、鬼のように立花は振り返った。

そして完璧コンビニレクチャーの下、なのにまたちょっと迷ってたどり着く。早稲田口三分、ビル全体が覆いで囲われ、ビルの中が横丁《よこちょう》になっている、その怪しさの外に何もないミャンマー

ビルマといえば
ほら…これ…
フラ〜…
これよね
何のマネよそれは…
だからアレよ
水島〜〜帰らないのか〜
…
水島のモノマネか
今の!?
!!!
ミズシマ
かえらない
彼の帰らなかった理由はこれかしら…
あーおいしい
まずここで大胆にも水島の物マネをしたあんたから否定したいよ
やややややや
大真面目
ガタ――

料理店に……。

立花は躊躇《ためら》っていた。

だが、立花が一時間半掛けた（しかし早稲田口徒歩三分だった!!）店だ。私はぼーっとしているので迷わずドアを開けてしまう。

店は、普通のラーメン屋程度の狭さ。しかし溢れるミャンマー人。食事をしている人は二人ぐらいで、一般家庭のようにテレビを見ながら話したりパソコンと携帯で仕事をしたりしている人多数。

私は年増だが立花は二十代。たいっへん、大変、ミャンマーの方に失礼な話だが、いやこれが何処の国の男性ばかりだろうと、ひょいと内鍵掛ければ私らどんな完全犯罪にあってもおかしくないよねー、というためらいが、普通に走る。

「壁に張ってあるミャンマーカレンダーの女性は美しい……まあよかろう無闇に人を疑っても失礼だ……」

珍しく何を躊躇ったって、ちょーど頭上のテレビのニュースで、先日のペルー人による幼女殺人事件のニュースをやっている。だが何処からか流暢《りゅうちょう》な日本語で、「かわいそうですね」という声が聞こえた。こういった在日外国人の犯罪などが起きると、日本にいる外国人の皆様は、自分たちもしばらく色眼鏡で見られはしまいかと、やはり憂鬱な気持ちになるのだろう。そして店にいて感じたが彼らの気質は全体に控えめな印象。本当に戸惑ったのは失礼だった。

さて。

正直、店はきれいとは言えない。私たちがボーダーにしている衛生の面では少々不安だが、冬だし、東南アジアを旅行すればこのぐらいの屋台には普通に入って……やわなジャパニーズの腹はくだったりもするが。

メニューは豊富だった。普通の高菜《たかな》チャーハンや、フォーのようなものもある。

「しかしこの蛙《かえる》のもも揚げや、竹蟲《たけむし》という蚕《かいこ》のような虫などは食わなければな……」

ここで、立花が、頑張れることにしか頑張らない、エセ頑張り屋さんということが判明した！

「虫はいや」

「仕事だろう」

「虫は無理!!」

「頑張り屋さん、どうした」

「虫は頑張れない!!」

「じゃあこの豚のアラカルトは」

「この何処のアラカルトかわからないあらかると?」

「主に内臓系のようだね」

メニューは印刷されたカラー写真に、しっかりした日本語で書いてある。壁の張り紙は、「鯵《あじ》のすすみ揚げ」だったが……多分「つつみ揚げ」だろう。なんでそんな間違いを。

「内臓、頑張れない」

「鰻《うなぎ》の頭の麺は、蜂《はち》の子は」

「無理!!」

「おまえ……今まで世間をたばかっていたが、意外に頑張れない頑張り屋さんなんだな!!」

「ゲテモノは無理!! 先輩は食えるの!? この虫が!!」

リアルにイモムシみたいなものがてんこもりになっている写真を、私は眺めた。東北に育った私と、後に写真を見せた幼なじみの感想は同じだ。

「揚げてあれば食える」

何故ならイナゴを食って育ったから。子どものころは季節になると、今日食いたい分だけ取って来てばあちゃんに煮て貰ったから。

しかしイモムシは蒸してあったらちょっとやだなー、くらいだが……今度行ったらトライしてみたい。

おっと、口が滑ったぜ。

この、店なんだか、家なんだか、誰かが仕事をするところなんだか、テレビを観るところなんだかよくわからない、小さな店。

生きてます。

思いっきり生きてます！　入って良かった、立花よくぞ見つけてきてくれた、ありがとう!!

うまいよミャンマー料理!!

まざれない

当たり前です！

まず立花が頼んだ、魚肉入りお握りというのが絶品だった。微妙な香辛料、適度な辛さと味わい。そして私たちを悶絶《もんぜつ》させたのは、シャン麺。ここでは豆の麺と米の麺と二種類あって、豆の麺がシャン麺。汁付きを勧めたい。

豆のほこほこした感触の麺に、汁が絡《から》んで、伸ばす手が止まらない。

その他、高菜チャーハン、豚のソーセージなど頼んだが、特別においしくはなくとも普通においしい。それってとっても大事なことよ!!

ミャンマーにも色々地方色があって、ここはシャン地方の料理ということで一番日本人の口に合うという話だった。

「あれだねー。あの人帰って来ないの、ここの料理がうまかったからだねー……」

子どものころ体育館で観た、映画をふと思い出す。ビルマの僧となった日本兵を、仲間達がやっと見つけだし呼んでも呼んでも帰らないという、あれ。

「なに」

「あの人だよ……ほら」

私が手を振って見せると、立花もそれが映画「ビルマの竪琴《たてごと》」だとわかったらしく、

「みっ、水島!? ばかじゃないの!?」

「だって……当時だったら、日本に帰ったら二度とここには戻れないという気持ちがあった訳よ。そんで日本は粗食（でもこの時代ならビルマもそうだったかもしれないが……）。食べたことのな

い香辛料、おおはまりの水島、二度とこれ食べられない。耐えられなかったんだよ……だから残った」

「水島、帰らないのか？」

あまりに私の説が馬鹿馬鹿しいと踏んだのか、立花はオウムの真似などしだした。年の離れた私と立花の観た「ビルマの竪琴」には隔《へだ》たりがあり、私のはモノクロで雨がザーザー振ってる旧作だったが、立花が観たのは中井貴一《なかいきいち》版だ。

「この旧仮名遣《かなづか》い等が混じっているしっかりした日本語メニュー……水島の教えが伝来したのかも知れない」

「水島、日本に帰らないのか？」

狭い店で、その上日本語に堪能《たんのう》な人も多かったので、この私たちのばからしい話に男たちは「ノー！」と頭を抱《かか》えたかったのかもしれない。

最初にビビッたりして大変申しわけなかった、ここの男性陣は私たちに1ミリの興味も示さなかった……見もしない。話しかけられたりなどもちろんしない。それはそれで日本の女がちょっとすたる。女がすたるからと言って、

「きっとここはミャンマー人のハッテンバなんだよ！」

と、立花が言ったことは秘したい。

ところで。

ここの人達はミャンマー政権の人なのか、ミャンマー政権から逃れて帰れなくなったビルマの竪琴なのか。

「どっちで呼ぶかで大違いなのではないか……」

失礼があってはならぬ、と頭を抱えたが、看板にはミャンマー料理と書いてあり、コーヒー等には、「ビルマ風」と書いてある。

その悩みから小声で、アウン・サン・スーチーさんの話になった。そこで、私の十年前の、スーチーさん問題吹き荒れたころの一つの思い出が蘇った。

「あのー、雑学博士みたいな人いるじゃない。作家で、ブロードキャスターに出てて、残念ながら先日夭逝《ようせつ》なさった杉浦日向子《すぎうらひなこ》先生と一度結婚して離婚した」

「あー、あれ。わかるわかるあのひとー」

互いに、荒俣宏《あらまたひろし》、の名前が出て来ない。

「うーん。誰だっけ名前が……」

立花が真剣に考え込むので、私は最近吹き込まれた新説を思い出した。

「なんか思い出さない方がいいらしいよ。アレアレ、アレって出て来ないのを」

「なんで？　先輩前に、ここで思い出さないと、脳の回路が死んでいくとか言ってなかった？」

「いや、昨今ではその思い出そうとするストレスで、どっちみち脳細胞が死ぬと言われているらしい」

「でも思い出したい！　絶対思い出す!!」

頑張り屋さん、脳細胞ジェノサイドしながら唸《うな》る。

しかし、途中で気づく。私が荒俣の名前を出して話そうとした話は、あまりにも、あっまりにもくだらない話だったので、思い出そうが出すまいが立花が怒り出すことは明白で、怒りを二つに分けようと思い立った。

「おこじょ月夜野が、いつもこの人を見るとくだらない親父ギャグを言うんだよ……あ、思い出した」

呟いた途端、その親父ギャグの方を思い出す。

「荒俣が、ありゃまったこりゃまった（陽気に歌ってください）」

「何それ!!」

「月夜野が言うんだって。いや、そんでね。十年ぐらい前に荒俣がスチュワーデスと再婚したのさ。で、今はフライトアテンダントと言うけど、当時はスッチーと言うていてね……その話を月夜野と誰かがこたつで『ありゃまったこりゃまったがスッチーと再婚したらしいよー』というのを聞き違えてね、『すごい！　さすが荒俣!!　アウン・サン・スーチーさんと結婚したのか!!』そりゃ大ニュースだ……と話に混ざったら、段々噛み合わなくなっていって……」

「そのくだらないダジャレと、スッチー話の為にいくつあたしの脳細胞が死んだ!!」

その場に月夜野がいないので、結局私は二人分怒られる……。

そうこうしているうちに、注文を取った筈の人が一人、また一人とどんどん帰って行く。どういうことだ一体。どうも間違いなく店の人なのは、奥に立っている慎《つつ》ましやかな男性と、料理をしている人だけらしい。

「ここ、載せさせて貰おうね」

ところが私たち、職業柄名刺をあまり持ち歩かない。仕方がないので私は、メモ帳に新書館の名前と電話番号と、「ウンポコ」の誌名を書いたのだが、立花無言でそれを取り上げ、立花の名刺が出て来たのでその裏に書き直しやがった。

「日本の恥だ！」

言われたメモ帳……本気で渡す気だったのだが、その後誰が見ても「日本の恥だ」と言う。水島様に申し訳ない……そんなに恥か!?

　おっとりと店主、

「雑誌ですか。たまに来ます」

　と、申された。

「高田馬場だけで、ミャンマー料理の店が沢山《たくさん》あるのは何故ですか？」

　愛想の良さに縋って、一つ質問してみるも、

「便利だから、一つできて、また一つと増えました」

　……てな答え返る。多分理由違うと思うが……。

　ここ、店の前に立ったら、女子だけならばもしかしたら怯《ひる》むかもしれない。だが怯まず行って、豆麺と魚肉お握り、そしてタピオカじゃない方のデザートは、食べて欲しい。是非《ぜひ》に！

　タピオカじゃない方のデザート、パイ生地のようなほっこりしたものに、砂糖をまぶしたシンプルなものだった。

　立花はカフェオレ、私はミルクティー。

「おいしいー！　なんだか懐かしい味がする!!」

　立花カフェオレに喜ぶので、

「私のミルクティーは多分リプトンと粉ミルクと砂糖。そのカフェオレはきっとネスカフェと粉ミルクと砂糖だよ……」

「どうりで懐かしい……」

だが東南アジアを旅すると、たいていコーヒーと紅茶はこれだ。そして他国の料理の傍らにネスカフェやリプトンが付くと、何故だか家で飲む十倍はおいしい。

郷愁かな。水島様。

店の名を、ノングインレイ、という。

高田馬場早稲田口徒歩三分。つか立花がいなければ三分かかんないから。

そしてこれも……微妙に地理違いの次の店。この二軒が重なったので、今回は早稲田篇にしようと思ったのだが。

声優の岩田光央《いわたみつお》さんのご紹介。

何度か一緒にお仕事させて頂いているこの名優岩田さんは、男性としては珍しい美食家なのではないかと思う。何を食べたという話を、実においしそうになさる。なので、

「今あたしこういう仕事をしてるんだよね……」

と、暗く「あなたの町の」の話をした。明るく語れたら躁病《そうびょう》だ！

すると岩田さんが、

「あるあるそういう店。俺も一軒、なんでこの外見でこの店やってられんだ？　こえーけど入ってみてーみたいな店が一軒あるんだよ落合に！」

「それ紹介してよ！」

落合に。

と、この時岩田さんは言ったらしいのだが、私の中で何故か早稲田に変換された。まあ迷ったときに下落合も歩いたし、早稲田界隈篇だ。そして岩田さんは私がその話を聞く度に、

「早稲田のどの辺？」

「だから落合だっつってんだろ！」

と、言っていたらしいのだが、私はこの人の話を半分ぐらい流して聞いているのだろうか……。

ある日、ウィングスで連載が始まった「なんでも屋ナンデモアリ」関係のラジオの収録の帰りに、私の担当I川さんと岩田さんとお茶をした。そこでまたその話になり、岩田さんも同行してくれることになった。のは有り難いのだが礼儀を知らない私、快く、

「そういう仕事なら大歓迎ですよ」

と、のたまってくださった岩田さんに、

「高くつきそーだなー」

「生々《なまなま》しく金の話かよ！」

「というワケでいーリアクション頼んだ！」

と、岩田さん頼みの落合取材。

ここで、レンジャーたちに伝えたい。

何もない（失礼）風荒《すさ》ぶ落合……。立花迷わず右に行こうとするを腕を掴んで左手に行き、待ち合わせ場所のファミレスで、マネージャーのS氏付きの岩田さん、私と立花を見て、

「あれ？　二人だけなの？」

「担当さんは昨日店を偵察に行って、大丈夫そうだと連絡が」

「おいおい大事にされてねえなあ、作家先生よお」

時代劇のように芝居がかる芸達者な岩田さんはおいとくにしても、師走《しわす》ですもの……でもいつもだわ。割りといつも二人ぼっちレンジャー……カモンレンジャー！

「実は、そちらもマネージャーさんがいなかったらどうしようかと立花と話しながら来たのだ。この取材、完食がルール！　なら食えぬものは岩田さんに食べて貰《もら》おうと思ったけれど……あなたはよく考えなくとも体が資本のお仕事」

「おう」

「しかしそれは私たちも同じことよ！　よくぞいらっしゃいましたマネージャーS氏!!　限界を越えていたらあなたに食べて頂きます!!」

「そ……そんな……」

折しもS氏は、どんな偶然なのか今年仕事で会うのが三回目だ。ここであったが運の尽き。私たちが今日の取材に、そうまで贄《にえ》を探すには訳がある。読み返して欲しい一回目、あの中華飯店の悪夢。中華飯店は本当にトラウマなのだ。

「そんで紹介してネタにならなかったら申し訳ないんだけど、俺」

「店見て来たよ。あの外見……既に外見がクリアしてる。何が大丈夫なんだろう私の担当様……この真新しい建物並ぶ中に、崩れかけの中華飯店……」

一回目の中華飯店を思い出して、私と立花はもう既に上げそうになる。

軽く打ち合わせて、

「じゃあ……行きますか」

重い腰を上げて、店に向かう。

暖簾《のれん》がボロボロだったのが、最近新しくなったという。暖簾が新しいので余計に周囲がヤバイ。

「ヤバイ店のファクターが四つあるのよ……一、ヤバイ建物に店主が住んでいるということ。二、客がいない。三、とっても不衛生。四、店の人がきょどっている……」

中に入ると、三、以外はオールクリアだと一目でわかってしまった。

しかし古い建物だが清潔だ。清潔なのはとても大切なことだ。

「メニューもやたら豊富……定番のものと変わったものを頼もう」

だが。

テーブルの真横、他は清潔なのに、そこだけ火事にあったのかと聞きたくなる煤《すす》けたメニューを、皆で首が痛くなるほど見上げる。

「ミソラーメン」

「あ、あたしそれ行こうと思ってたのに！」

無難中の無難、を岩田さんに先越され、大人たち譲り合う心なし……本気のジャンケンをして私敢え無く負ける。

「じゃあ普通のラーメン……と水餃子と焼き餃子と、立花チャーハン行って」

「カレー炒飯」

「では僕はニラソバで」

どうせみんなでシェアするので、思えば本気のジャンケンなど必要なかった。

こうして定番メニューは揃い切ったのだが、なんかやばそーなのを頼んでも、端から全部ない。

「すみませんすみません、作れる人が今いなくて……」

いない……?

「ならピータン豆腐《とうふ》」

どうせないだろうと試しに私は戯《たわむ》れにピータン豆腐を注文したが、母と思《おぼ》しき人が私より年上らしき娘にカウンター内で、

「あったっけ?」

と、聞き、

「確かここに……」

と、娘が棚の下を見たときは心底びびった。そこで、

「あ、忘れてたけどあったー！」

などと言われたら走って逃げただろう。ピータンだよ！

思えば、最近はそんなに頻繁《ひんぱん》に入らない、中華飯店という名のラーメン屋。何処もこんな感じなのだろうか、煤けたメニューに甲斐《かい》ちえみ（古すぎて私たちにもようわからんアイドル）の笑顔のステッカー。

「この店のオアシスは甲斐ちえみなんだね……」

私と立花にしかわからぬことを、立花口走って過去のオアシスをお二人に説明する。

そして、この張り紙。

「お食事お済みでないお客さまは、お店から出ないでください」

意味を皆で長考する。

「食い逃げすんなってことか……食い逃げ犯が出没するのかこの店は」

普通なんだろうか……この中華飯店……。

そのうち、常連と思われる客が入って来た。

客……客がいる……。

そうして、次々と運ばれる、みそラーメン、ラーメン、水餃子、焼き餃子。

「……普通においしいじゃん……」

私と立花は、ここで大きく頭を抱《かか》えた。

「出たね……」

「出てしまったねついに……」

この物件が出る日のことを、私たちは最も恐れていた。

外観は怪しい。だが中はそこそこ普通（いやしかし普通なのかここ？）。味も普通。

「普通……」

暗く呟《つぶや》く私たちに、岩田さんが何かもの言いたげにぱくぱく口を動かしては足掻《あが》いているが、意外に気遣《きづか》い屋さんらしく店内では言えない言葉を、独り苦しく飲み込みまくっていたことが後に判明する。

「てゆうかおいしくない？　やばいよ立花、なんかネタになるメニュー頼まないと」

「だよね先輩」

「おまえらまだ食うんか!?」

岩田さんが私たちを大食漢だと思ったと誤解（……とも言えないが）した私、立花が四合白米《はくまい》を食う話や、この間のミャンマー料理店でどのくらい食ったかという話をする。ここで、店内の男性の山が日本人女二人に一目もくれなかった話をすると、

「そこミャンマー人のハッテンバじゃねえの!?」

岩田さん即答に私はテーブルに倒れた。

立花と岩田さんがマイノリティなのか、それとも私がマイノリティなのか……。

その後、どうやって彼のラジオオンエアは為《な》されているのか、シモ系放送禁止用語語録豊富な岩田さん（ファンの間ではきっと有名なことと思う）、私のメモ帳には取り敢えずその場で岩田さんのおかしかった発言の切れ端が書いてあるのだが、「そんなのピーでピーでピーピーピーみてーな話じゃねーかよ」（岩田語録）、等、書けないことが多すぎてイライラするわ岩田光央様！

「トンカツでも食ってみるか……」

皆で斜めになってメニューを見上げて、首が疲れて私はトンカツの一枚も食べてみたい気持ちになった。

「トンカツ一つ」

おかみに頼むと……出た。出てしまった挙動不審になる店の人。

「全部作ってからになるから……遅くなるから……」

そこで引っ込んでくれると思ったのか小声で言われるのに、構わず、

「待ちます」

と、言うと、

「すいませんすいませんできません勘弁《かんべん》してください」

と、何度も謝られ、とても申し訳ない気持ちになるが……不審過ぎる……。

「じゃあどうしようかねえ……」

このころから店主のイラとした空気が、明らかに伝わって来ていた。話が前後するが、立花が、後に店内図を描き起こすために岩田さんを撮る振りをして、写真を撮っていると、

「店内で写真を撮らないで」

と、叱《しか》られる。

「いろいろ……ね、あるから。お店の特徴が……」

そのときのおかみの呟きがこれなのだが、もちろん店内無断撮影は悪いことなので普段も割と気を付けている。これ正しく確信犯という……あたしらも仕事だからねえ、ってこれじゃヤクザだよ！　ああ悪いのはあたしたちさ。

だが、何がそんなに後ろ暗いのかおかみ。誰かかくまっているのかおかみ。もしかして、私た

ちより先に何処かの雑誌にこんな目にあわされているのかおかみ。大丈夫私たちは店名を載《の》せたりしないよ『○×』！　余談だが、このとき岩田さんは写らないのに、大パフォーマンスをしてくれた…立花の脳裏に残っていれば何処かに絵があるかもしれない。サービス精神に感謝。

　これは想像だが、たちの悪い取材と思われたのかも知れない。想像も何もおかみのその勘は的中している……。

「んじゃオムライス」

　逡巡《しゅんじゅん》の末、オムライスを頼む。

「あのときのおかみさんの顔は忘れられない……」

　これはその後ファミレスに場所を移しての、全員の溜息だ。

激しく、おかみは顔を顰《しか》めて、「まだ頼むのかなんとか断れないか」という間をおいたが、仕方なくオムライスを作った。

　やがて運ばれたオムライス。

　もう随分前から、

「ギブギブ、もう食いたくない。食えない」

　音《ね》を上げている岩田さんにも、もちろん食して貰う。

「結構おいしいじゃん。てゆうかあたしオムライス好きなんだよね。あー、この店ネタになんないよ」

「……ちょっと待てや。後でたっぷり言いたいことがある」

そしてさんざ疎《うと》まれた私たちは、中華飯店を後にしてファミレスに戻った。

ここで岩田光央マシンガントークが始まる。

「おいしいってどういうことだ!? 普通って何言ってんだ!? 俺はああいう得たいの知れない店に入った時は必ず無難にミソラーメンを頼む。なのにそのミソラーメンが変な油の味がしてまずいってのはどういうことだ。そして水餃子は甘かった! 異様に甘かった!!」

「細かいよ岩田光央……」

「細かくないっ。ああ一食分無駄にした、俺はもう一度あの店に入る気はしなかったぞ!」

「そーお? あたし紹介してもいいかなーって水餃子食べた時は思ったけど」

「先輩……普通だったけどおいしくなかったよ。もしかして最高のスパイス効いてない?」

立花に問われて思い出す。

「あ、腹減ってたんだあたし」

「だったら何食ってもうまいわ!」

「でもねー、岩田さんわかってないなー。あたしたちが普段どんな店に特攻《とっこう》してると思ってんの? この間の取材の時なんか、立花はカビた蕎麦食って腹を下して、あたしは店出て紅茶飲んだらマーライオンのように吐いたんだよ」

「だよね。あんな店普通普通」

ネタにならーん、とぶーたれる私たちに、岩田光央眉間を押さえて長考。

「……君達、そこに正座しなさい」

　ファミレスで正座を要求。

「はい……」

「何回目？　この連載」

「これで四回」

「じゃあまだたった三回。たった三回でおまえらはすっかりおかしくなってる!!　ボーダーラインが狂ってる！　取り戻せ本当の普通を!!」

　小言垂れられるが、私らは最初の中華飯店がどんなだったかをくどく説明した。

「あれがボーダーと私らは考えとる……さっきの店は……あれ？」

「ん？」

「んん？」

「うえ」

三十分ほどしてだったか、誰も彼もがいっせいに吐き気に襲われる。

「……体が普通を体現しました岩田様……」

「だろうが……うえ、気持ち悪い。だから言っただろ!?　油が悪かったたって！」

「とんかつ出て来なくて本当に良かった……」

とんかつ食べていたら今頃オールリバースだ……。

「でも常連客いたよね……いつもの……とか言って、ご飯にあんかけ掛けて食べてたじいさんとか」

「耐性菌を飼っているのだろう」

いつもの結論……。

師走の声聞くその頃、皆疲れ果てている。お絵かきなどしながら雑談などして気持ち悪さから逃避する。

仕事、あって有り難いが時折逃避したくなるなどという話をしている途中、一日岩田さんと私で仕事をチェンジしようというくだらぬ妄想《もうそう》から、作家先生とお役者様の思わぬ大ゲンカが始まる。

岩田さんとの最初の仕事は、思えば五年近く前。その間、私が書き下ろしたシナリオも四本ほどやって貰っているし、原作物も、来月の収録で五本目だ。遠慮会釈ない付き合いとまではいかないが、いかないからこそお互い、五年間九本の脚本の中に、言いたいことが溜まりに溜まって、それでも言わぬが花なのに、言ってしまったのは年末だからか……。

「そしたら俺がやる通りに、ちゃんとやんなきゃいけないんだぜ」

「あーやってやるさ。噛《か》んで噛んで噛みまくってやりゃいいんでしょ」

「ばーかそれは俺のあえてやってる自然体の演技なんだよ！」

「そう言い張るから一度早口言葉脚本に入れてやったらごまかしやがったわね。なまむぎなまごめなまたまご！　あたしにも言えるわ」

「言えてねーじゃねーかよ！」

「だから一日代わりがやれるっつってんのよ！　この間あれノベライズにした時脚本のまんま早口言葉きっちり書いてやったわ」

「なんで俺の許可を取らない！」

「もう本になっちゃったもんねー。岩田さんはあたしの代わりに脚本を書くがいいさ」

「ああ書いてやるよ。句読点《くとうてん》がやたら少ない超長文で読みにくいったらありゃしねー倒置法《とうちほう》ばかりの脚本をな!!」

　年末の疲れが……作家と役者の本音を直撃……。

「おのれ言ってはならぬことを（お互い様である）……つーかあんたはいつも学級崩壊みたいな収

録後の座談会の時に、かっならず言うわよねそれ。『先生は何故倒置法が多いんですか？』って。よっぽど気に入らなかったのね!!」

「わかってなかったのか!?」

「全部書いてやる……ああそれであたしの読者が、本当にその通りよねそこ直して欲しかったのよって思ったらどうしよう（！　本当に句読点が少ない……）！」

「けっ、言ってやったぜ代わりによ」

「い、岩田さん……」

「先輩……」

ファミレスで身も蓋《ふた》も何処にも見つからない大ゲンカ、マネくんも立花も半泣きである……。

「そんな私だが岩田さんのことは素晴らしい人物であり尊敬すべき役者さんだと常日頃から尊敬している（これが結構本当なんだよ！）」

「以下同文」

場を立て直そうとした私と岩田さんに、立花は溜息をついて、

「なんて意味のない会話……こんな言葉を聞くために時間を無駄にしてしまった……」

またあらぬ本音が漏れる。

「で、でも……」

ここで一番割を食うのはマネくんである。彼の汗だくのフォローが全開になるが、何もかもあ

との祭りだ……。岩田さん、ぐずりだす。

「あー、ホント地獄を見させられた。天国に連れて行け。俺は御褒美《ごほうび》にすばらしいレストランに連れて行って欲しい」

「あんな吐きも下しもしない店に行ったぐらいで何ぬかす!!」

「でも割りとおもしろかったから俺は準レギュラーになる」

「ありがとう。今度こそ地獄の底に連れて行くよ……」

毒舌トークでちゃんとテーマわかってんじゃないのよと思えば、岩田光央手違いで資料を読んでいない!!

ナチュラルボーン準レギュラー決定。何度調べても、「あなたの町の霊感スポット」として紹介されるレストランと○こに連れて行かねば……。

今回、初ゲストにして準レギュラーのレンジャー登場で、私たちは一つ肉体が手遅れ状態になってしまったことを学びました。

ちょっと気持ち悪くなる程度では、もう体が満足しないのよ……この取材。

そして確実に私と立花の、取材日の味覚は崩壊している。

岩田判定により、落合の中華飯店は生きてない！

だが馬場のミャンマー料理店が生きていたことは本当です。これはマジ！　行ってみて。

明るく爽《さわ》やかに取材に同行してくれた岩田さんに感謝！

なんちて。

ところで岩田さんは、

「二人は一緒にこの仕事してるだけじゃなくて、ちゃんと友達なんだ。どんな友達？」

雑談の中でNGワードを踏んだ。

私はいつもの答えを答える。

「……どーでもいー友達……」

「なんだよそれ！」

なんだろうねえ……。

帰りの電車の中でふと、立花が呟いた。

「あたし……こんなつもりじゃなかったんだよね」

「何が？」

「先輩と、こんなどうでもいー友達になるつもりなんかなかった……」

「じゃあ何を目指した」

まじめに、私は聞いてやろうとした。目指す高みがあるのなら、人間何度でもやり直せるではないか。

だが立花は私の真顔に溜息をついて、

「いいの……最初にこたつで寝たあたしがいけないのよ……」

全てを投げた。

日々をシャキシャキ頑張って生きているゲストが残した波紋が、次回私たちをちょーちょー頑張り屋さんに変貌《へんぼう》させるかもしれない！

乞う御期待待て次号!!　……なんちてな。

ノングインレイ
判定
水島は生きていた……
生
〇×（仮）
意外にイケたので
エー……と
生
ズカッ
ニャッ
死
みうお
ボカ!!!!

忘れがちだがこの連載、いつもいつも駄目人間でコタツの一部か人間かなんてままでいいの!? 私たち！ ……というところからアクティブに町を探索するとかなんかそんな目的があった。

あれからきっちり一年が過ぎた。

何か……進化したか？

相変わらず私と立花は、ホラー映画を借りては、鍋を食べて、観てる途中で寝てしまっては、「ギャー！」と目覚めて改めて映画を最後まで観ては、「二食目食う？」、「食う……」と言いながら夜を明かしている。

加えて、この冬はほんっとーに駄目だった。いや、まだ過去形にできるか謎だが、この春はほんっとーに駄目だったと言い換えることは難しくない……花粉はもう舞っている。

この冬は全国的に異様に寒く、ある日立花を

五回目の試練 肉はよく焼いて焼いて篇

助手席に乗せて暖房無しで運転していたら（だって私たちコートを着ていた）突然立花が叫んだ。

「これ以上冷たくなったら（寒いを超えて冷たかった）あたしを燃やしてー!!」

夜中だった。

「そんなこと言われても、私も親御《おやこ》さんとの付き合いがあるから……」

体裁も悪いしあたしになんてことさせようと

するの君は……。しかも立花は脳の容量が少ないので、言ったことも今は覚えているまい。

そういえば私と立花は、この冬もイブをともに過ごした……今唐突に思い出したけど。去年のイブもスカイラーク・ガーデンズで過ごしたから、どうせ今年も過ごすだろうと、予約をした。私たちにしては画期的に計画的な行動だ。実際この予約をしないと、当日のガーデンズはファミレスなのに入れなかった。

なのだが。

「なぜだか死ぬほど恥ずかしい……」

ファミレスのクリスマス・ディナーに女四人で予約するなんて……。

こうなったら当日は、「ファミレスですが？」と返されるほど着飾って行ってくれるわ！と、盛装。そのうえキハチ様のクリスマスケーキを私の幼なじみが買って来てくれて、立花の「明日は仕事」の愉快な友人と、ファミレス後はうちでケーキを食べるハッピーなのか虚《むな》しいのかよくわからないクリスマス。

このケーキ洋酒が効き過ぎていて、幼なじみが寝てしまう。

その後ぼんやり、私たちは例によってテレビを観ていた。「あかしやさんた」が始まった。

「……ファックスする？　この状況」

駄目なイブだ……と、だらけきった部屋で私は立花に聞いた。

「こんなもんじゃ駄目でしょ」

「でもさー」

でもさ。

私は今まで、家でぼんやり「あかしやさんた」を観て過ごすイブぐらいやり切れないイブは、

「ないと思っていたのに……」

「なんだとー！　あたしゃしょっちゅう観とるわ！」

そんな立花と「あかしやさんた」を最後まで観てしまい、

「行きますかいつもの……」

「そうねイブですものね……」

と、ホラー映画一本目を観始める（わが家にはドラえもんのポケットのようになんでも出てくるＤＶＤボックスがある）。

「怖くないわ……」

「そうね満足できない……」

二本目を観てなお！　納得行かぬが、クリスマスの夜が既に白々と明けている……。

とぼとぼと立花は帰って行った。

そして年末年始！

せめてエクスクラメーションマークをつけてみる年末年始!!

立花に私は時折、大恩義を受けている。うちに今双子の小悪魔が居ることは前も書いた。先の

猫ニャン太は私にしか懐かぬ猫でそこがまたかわいらしくもあったのだが、小悪魔たちは小悪魔と呼ばれるだけあって割と人懐こい。だが誰でもいいという訳ではないらしく、ことさら立花と月夜野《つきよの》には懐き、特に立花に関しては私と立花がすり替わってもかまわぬらしい……。なので旅行や帰省の時に立花にはうちに住んで貰っている。

一週間、私は田舎に帰っていた。

せめてと、コタツの横に乾燥機に掛けた布団一式を畳んで行った。帰省中一度、立花から、「ホワイトハウスがー」と謎のメールが入った。

一月四日、福島名物エキソンパイを抱えて帰宅すると、立花が……コタツから生えていた。◯印良品のどうしても寝てしまうクズクッション（人間のクズになれるので）とコタツの相性は、悪魔のささやき。私もこの冬何度かやってしまった。

「あ、コタツで寝てしまった……」

喉はからから肌はからから、これが結構落ち込んだりもするものです。

「ただいまー」

「告白することがあるの」

コタツから生えている立花から、白い子猫が二匹生えている。ある意味楽園状態である。

「何？」

「一度も布団を敷きませんでした……」

「…………!!」

一週間だぜ……。

「なんだかテレビをつけたら、丸ごと『ホワイトハウス』とかいうのが始まってね、それがいつまでもいつまでも終わらずに一日中やっていておもしろくて、続きが気になってしょうがないのよ……!!」

年末年始のケーブルにはそういう罠が張ってある。

そもそも私がケーブルをそのチャンネルに合わせて行ったのは、「丸ごと『ＥＲ』」を録画するためであった。

立花は一週間を、疲れた体をコタツから白猫姉妹（名を蛍《ほたる》と雪《ゆき》という）とともに生やして過ごしてしまったという。

「ノー！　何故一日中終わらないの『ホワイトハウス』……」

でも年越蕎麦《としこしそば》は食った、という立花と、

「寂しいし、まあもう二日ほど、うちで仕事をして行ってはくれぬか……」

などと、私も余分なことを言うものだから、「立花と蛍と雪と『ホワイトハウス』一週間」の後、「立花と菅野と蛍と雪と『ＥＲ』二日間」が始まってしまった……。

「もう……メシを作る気もせぬ……スーパーで弁当を買ってくる」

「画竜点睛《がりょうてんせい》を打ったね、先輩……」

もう正月なぞ終わっとるがな！　と、いいたげな世間の空気を無視して、『ＥＲ』を観ながら私と立花と蛍雪はスーパーの弁当を食った。スーパーの弁当は安全だ。

一年の計は元旦にあるというが。

私たちは年度明けから今年と考えたい（二月には旧正月から始めるとぬかしていたが）。

「さあ働くぞ！　きびきび働くぞ!!」

「何して働く先輩!!」

「ああ……」

「ああ……ウンポコの季節が来たね……」

来ちゃった。

実は、最近結構お手紙メール等で、友人読者様作家先生方から情報を頂き始めている。時々そっとそれを握り潰したり……したい衝動に駆られるがレンジャーたちは皆（私たちレンジャーだったの覚えてマス?）、

「私の手元にこんなものが……」

おそろしげな情報を、大事に溜め込んでいる。

今回、結構インパクトのあるものをレンジャーグリーンが、みろくことこ先生から頂いて来た。

「牛肉食べ放題千円」

千円……?

「そうね最近プリオン足りてないからねー」

とか言ってる場合か、何処《どこ》の牛かもわからん牛食べ放題千円。

美食家グリーンは、

「わたくし先日、一万円の焼き肉を食べたばかりですので……」

などというので、ならばその一万円の牛と是非比較して頂かなくては！　と、己《おのれ》らの身の危険も顧《かえり》みずグリーン連れて行きたさに、そのネタ貰う。ありがとうございますみろく先生。ありがとう……？　いいえこのネタ情報をくださる皆様が、「ネタになる店をー」と喚《わめ》く私どもにやさしさで「ならばここなど……」と、情報提供してくださることは重々承知。しかし店に入った瞬間、出た直後、そんなやさしさを一瞬、ほんの一瞬恨む私たちをどうか許してこれからも情報提供プリーズ。……でもね、事前に入ってくれて、「あれ？　意外においしかった。けど送っちゃお」なんてやらせ満載でもぜんぜんいいんだよ（はあと）。

毎回二軒が定番になって来ているので、激安繋がりで「激安ラーメン」との案も出たが、危険焼き肉店が私たちの住む町にあるので、今回は「肉は焼いて焼いて篇」となった。

と、いうのも。

あの、ちーっとも出て来ない、いくら呼んでも高台から助けに飛んで来ないブラック様が言ったのだ。

「肉ならばやぶさかではない……」

と。

何様だブラック様……。

常々、ブラックに苦い思いをさせたかった赤と青、私と立花。今回はない知恵絞って企んだ。

「この、『千円食べ放題』はネットにも出ているし客もいるのだから、多分おいしくはなくとも死んではいまい。しかし、うちの近所の、あの練馬と新座《にいざ》の行政分かれる学園通りにある、赤い扉がうっすら脂《あぶら》ぎった焼き肉屋は見た目から結構逝ってる……あそこにブラックを。どうしてもブラックを」

何故だ。同じレンジャーなのにそんな企て。

さて、一軒目、田無《たなし》にある牛千円食べ放題。

既に花粉で思考力が飛んでいた私、電車を二本乗り換え、高田馬場でグリーンと待ち合わせして田無についた時点でへこむ。つまり電車三本乗って田無に来たが……ここは、一歩歩くと私と立花のもう一つの最寄り駅のあるH市。

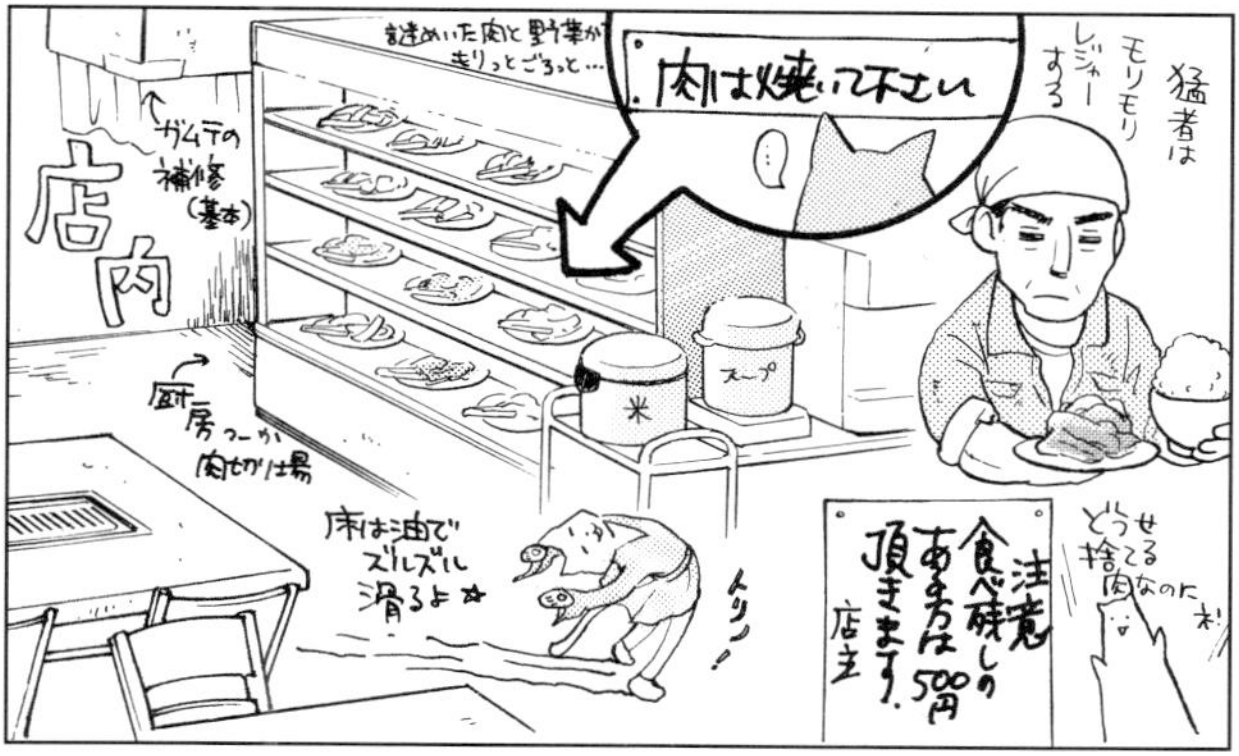

「先輩……バスで来たら一瞬だったんじゃ」

「何も……何も言うな立花……帰りはバスで帰ろう……」

しかも田無には、おこじょ月夜野と八年くらい前に住んでいたことがある……。

しかし田無は私たちが修羅場にしていたころとはまるで変わり果て、都会と化していた。当時は食事をするところなど一軒くらいしか思い当たらず、ファミレスも一つしかなかったので、原稿中真夏に私は十四食連続で冷やしたぬきを食った苦い記憶が蘇る(最後の方は自棄《やけ》だった)。だが、そのころから某焼き肉店はあったらしい。

「気づかぬ振りをしていたのだろうか……」

短い距離だが道が今一つわからず、赤、青、グリーン、で店の前にたどり着いたとき、いやきっとあの頃は見えていなかったのだろうと私は思った。

「食べるレジャー1050円」

人にはそれぞれ、学生時代とか学生時代とか学生時代とか、味覚崩壊の時期というものがある。それに、ブラック様曰く、男子は肉というだけで満足で腹にたまればそれで良いということがあるらしい。

そういう意味では、私たちは店にとっても百年振りの、女三人組の客だったのではなかろうか。女もある程度の年を越えると、跨《また》げぬ敷居《しきい》というものができる……それはガラス越しの、煙満載脂一杯何処から来た誰のどのへんのお肉の山なの満載、食べるレジャー1050円というものだ……。

しかしここは、そこそこ繁盛していた。

まず開店を待つガテン系のトラックが駐車場にあり、この人たちは多分常連で、作法が出来上がっていて、中に入るとさっと茶を入れて丼に白飯をてんこもりにして、いつも食べるのだろう量の肉を山と積んだ。

「肉は焼いてください」

などという文字に、怯えてまごまごしている私たちとは年季が違う。

そのほかにも壁には、「食べ残しには五百円頂きます」、「制限時間は一時間」、などと書いてあり、余計もたもたする。

まずごはんと水を用意した。

だが私たちまず水飲めない。100%田無の水は飲めない！　弱いから体！

「何処の肉なのでしょう……？」

この日、私たちが何度も呟いた言葉だ。

とにかく一通り食った。ところで立花は最近あまり頑張り屋さんでない！　皿に野菜をいっぱい積んで来やがった。

「野菜も必要かと……」

「今日は肉を食べに来たの!!」

そして、カルビらしきもの、ハラミのような気がするもの、もしかしたらロースかもしれないもの、明らかにこれだけははっきりとレバーだとわかるもの。

を、焼いて食う。

正直に言う。私は肉が好きだ。肉はおいしい。そういう意味ではここに肉らしきものはなかった……。

「トラウマが蘇ります……」

焼いて固くなったレバーを砂のように食《は》みながら、グリーンは言った。

「子どものころ父が日曜に焼いてくれたレバニラ炒めの、噛んでも噛んでも噛み切れないかたさ……それを食べろと言われたトラウマ……」

「わかります……」

私は同じトラウマを味わいたくなかったので、「焼いてください」と書いてあったレバーをつい半生《はんなま》で食った。後に、立花とともに後ろから殴られたような勢いで、一日半倒れることになる……。

肉には、罠と日付変更線があった。

「これ……おいしくない」

と、次に取りに行くと、なんだかフレッシュなものに変わっている。

「これは結構いけたかもしれない……」

と、次に取りに行くと何故かとってもおいしくなくなっている。

これは酒で流し込むしかない、と、いつも飲んでいる筈のグリーンが飲んでいないことに気づき、

「グリーンさん飲まないんですか？」

尋ねる。

「私、今日年に一度の休肝日《きゅうかんび》なんです」

「年に一度？」

「明日健康診断なんです」

「そ……そんなの意味がないじゃないですか！　健康診断とはいつもと同じ体調で行って、何か発見されるならして貰わないと！　糖とか蛋白《たんぱく》とかっ。飲みましょうよ、飲みましょうよー」

「三百六十五日にたった一度の休肝日なんですよ！」

「だから意味がないとゆっとるんですわ！」

「では……ワインなど」

優しさ担当だからです
グリーンは優しくて物静か
さりげなく焼き肉網で暖をとる
控えめなグリーン
さっきのはどうだ
死…
もう吐きそう
……
私は…生きていると思います…
えッ
どこがですかグリーンさん
だって常連さんがあんなに
猛者達の
NO!
ーとか!?
あんな肉食わされて吐き気などしないんですかグリーンさん!
…ええ
少ししますけど
オエッ
何故《なぜ》そうまでしてかばう!!
おいしいものが大好きなくせに!

グリーンからは年に一度のメンテナンスの日が消え、食べるレジャーにはなんとワインがあった。

「先輩……サンチュ食って……このうえ五百円取られたくない……」

おとなしく肉に負けていた立花、倒れそうになりながらサンチュを指す。

偽善者とでもなんとでも言ってくれ。私たちはいつもこの取材に突撃して玉砕《ぎょくさい》したとき、世界の果てまで考えが行く。世界の飢餓《きが》を考える。まずいとか言っていいのか私たち、1050円でおなか一杯肉を食べて文句《もんく》を垂れていいのか。

「だが1050円あればもっと何か有益なことができるハズだー!!」

これが今回の私と立花の叫び……。

「でも、この店を必要としている人は沢山《たくさん》いたではないですか」

グリーン、緑なだけにやさしさ光線……。そう。ここは学生やガテン系兄ちゃんには天国かもしれない。私には、身長180超えスポーツ選手ビックマックは六つは軽いけど七つ目がきついよなー、な従兄弟《いとこ》が八人いる。彼らに是非《ぜひ》レジャーして来て貰いたい……。

という訳で、私はここで新しい札《ふだ》が欲しくなった。「生」と「死」の他に、「半死半生《はんしはんしょう》」。

克明《こくめい》に話を聞かされた蘊蓄《うんちく》大魔王おこじょ月夜野が後に言うとったが、「君達それ廃棄寸前の肉(いやな言葉だ……)食わされたかもね」ということらしいので、お店の人も必死さが足らず、お会計のときも残皿も見ないし時間もだらだらいても気にしない。

この後、グリーンは私たちを春の花咲く「武蔵野茶房《むさしのさぼう》」、という素晴らしい喫茶店に連れて行ってくれた。昔一軒しか食べる店がなかったとはここのことである。懐《なつ》かしく、美しい「武蔵野茶房」。

「見て……先輩……あのおいしそうなハヤシライス……1050円」

「ああ、そしてコーヒーに野の花が控えめについて来た……」

その花を見て、ほろほろと私は泣いた。

コーヒーとケーキにきれいな花が一本ずつついて来たので、それをやったことないけど華道の腕の見せ所と立花の頭に挿《さ》す。グリーンも控えめにお花を下さり、立花の頭には六本の野の花が咲いた。

1050円ってなんだろう。

だが時に人々に喜びを与える半死半生の焼き肉は、時折ホテルのラウンジで目玉が飛び出る1050円サービス料別のコーヒーより非常に良心的とも思える。

1050円について私たちは深く考えたが、帰り道まだ日が高いのに私と立花はバスの中から駄目になって来ていて（口を開けて頭に花を咲かせて寝ている立花はものすごく見物《みもの》だった……）、駅でおいしいパンを買って、

「お互い、風呂にだけは、風呂にだけは入ろうな！（すごいんですよ焼き肉のかほりが！ 他店の比にあらず!!）」

言い合って、二人仲良く一日半倒れた。グリーンも軽くジャブを食らったという。

私の敗因は明らかに、そんなことしなくてもいいのに、つい「食べ放題」と言われて勝ちに行かねばならぬような気がして頑張ったのと、レバーをフレッシュで食べたことと思う……。

「肉は焼いてください」

ではなく、

「肉はよく焼いてください」

に札を変えてください……。

「次の取材はブラックがなんとかしてくれますよ。……なんて」

爽《さわ》やかにグリーンが言葉を残して行ったので、翌々日私は初めて！　ブラック様と池袋で待ち合わせた。

本当は日程的に取材してる場合かよ、てな日付になっていたので翌日にすべきだったのだが、私と立花には無理だった……。

「もう……ウンポコの入稿も近いです」

ブラック様と、ブラックな雑談で西武線移動。

「だけど二十八の次が一なんておかしいじゃありませんか」

「みんなそう思うのが二月なのです……」

初めて登場のブラック様は、ニヒルに爽やかだった。

「今日の店はきついっすよ……ブラック様」

だからこそあなたを呼んだの。だからこそおこじょ月夜野も誘ってある。あの赤くてぬるっとした焼き肉屋のドア。通る度《たび》「入りたくねー」と連載前から思っていたあのドア。

あなたと開けるのさ……最終兵器ブラック。せっかくこんな遠路来て頂いたのだから、抜からぬように立花には定休日を調べるように言ってある。立花の家の方が近いのだ。

車で月夜野を拾い、立花を拾いに行く。月夜野立花の家の呼び鈴ならすが、反応がない。駐車場にて談笑しながら待つ中、私にとってブラックが血の色青いことを知る。

「子どものころ『のび太の恐竜』観て泣かなかったですと……!?」

「あ……いや、泣いたかも……」

私は今、リメイクのCM観ただけで涙ぐんでいるのに！

いや、そんな価値観を人に押し付けてはいけない。だがさすがブラックだ血が青い……（人それを固定観念という）。

そんな話をしながら、立花都合十五分私たちを待たせる。

「おかしい……携帯に電話してみる」

先日も、まさかと思いながらこんなことがあった。

「もしもし立花」

「……もしもし……」

鍋を前に三時間、寝ている立花を待ったことが……。

「まさかおまえ、ブラックを迎えて月夜野を呼んで駐車場であたしたちが待つ中……寝ていたか！」

「……いつから、居た？　先輩」

寝ていたらしい……。

今、まさにこれを書いている中、実は打ち合わせも兼ねて今冬最後の鍋をと私は立花を三十分も待っていた……非常に空腹である。来ない。待てどくらせど立花は来ない。メールを打っても返事がない。メールごときで起きる立花ではない……起きる立花では……。

電話してみた。

「……今日はね先輩、目覚ましをね、かけて寝たのね」

「そうね進歩ね……」

今も立花は寝ていた……春だな！

その寝起きばたばたの立花とともに、学園通りを四人で車で流す。

「あれ……？」

結構ここまで来るとちゃうのよ、というところまで来てしまった。

「通り過ぎた？」

「見当たりませんでしたね、赤いドア」

「立花……定休日、調べとくって言ったなー？　立花ー」

「えっとっ、一日半寝てて！」

もう一度通りを戻る。

「……ジョナサン、入りませんか」

なんと最終兵器ブラック、遠路わざわざ大泉に来て、唐突に何処にでもあるジョナサンで済ませようとする。

「何を考えてるとですか！」

だが……目的の超々（立花的語彙《ごい》）危険そうな焼き肉屋……定休日である……。

「よりにもよってブラック様を迎えたこの日に！　この抜かりよう!!」

「ごーめーんーなーさーいー！」

ああ……駄目人間。

でもねっ、いくらでもあるの四十年近く住宅地だったこの町には！　店構えのヤバイとこなんていっくらでもあるのさ。

と、言う訳で、私発見、立花も前々からヤバイと思っていた超ヤバイ感じの焼き肉屋に店を変更する。大丈夫だ。きっとそこでも存分にブラックに戦って貰える筈。

事実、ブラックは店構えを見て入るのを嫌がった。

しかし。

中に入ると、

「この店……外見で思いっきり損してない……？」

店内は清潔できちんとしている。

トックや煮込みなど、韓国料理のメニューもきれいなものが貼ってあって、今日はブラックに必殺技を出して欲しかった私たちはとっても嫌な予感……。

テーブルも清潔。

取《と》り敢《あ》えず一通りゆこうと、上タン、ロース、カ

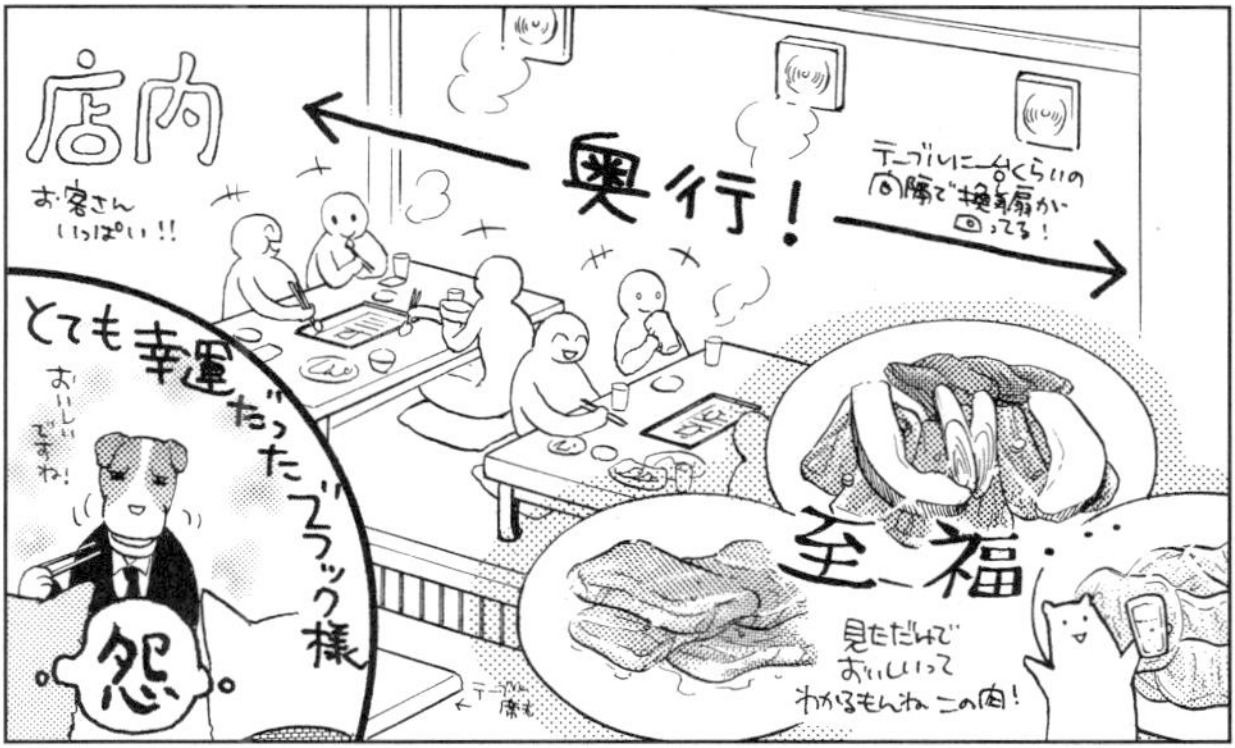

ルビ、ハラミ、などゆく。

「そうだレバーを確かめなくては……レバー、焼きで」

しかもこの店は生《なま》でユッケが食えるらしい……。

程なく、一目で牛のベロだとわかる上タンが出て来た。ピンク色のきれいでやわらかそうなタン、ってもとってもおいしそうなタン……ブラック？

「私たち……今日とてもあなたをひどい目にあわせたかった」

「ついてますね、僕」

「まだ……まだわからない……」

しかし、さらっと焼いてジューシーなタンはとてもとてもおいしい。カルビは甘く、ハラミは溶けて、レバーはやわらかいー！

「肉！　これが肉！　うまいっ、うまいし生きてるしなのにあああ……立花！」

「いや、意外とあの定休日だったお店も、おいしいかもしれませんよ」

笑顔で爽やかなブラック。

「明日お二人で行かれては」

「……あの店がすごかったらおまえを殺す立花……」

「連載が終わっちゃうよ先輩」

「連載が終わったら殺す」

「うん……仕方ないよね、親に言っとく」

殺伐《さつばつ》とした会話だ。立花の親御さんのためにも、焼き肉取材はここで打ち切ることにした。

「だがいつか殺《や》るかもしれぬと、親に言っておいてくれたまえ……」

ところで、ブラックは爽やかにブラック、心一つもない会話を和《なご》やかに流して行く男であった。

おこじょ月夜野にもそういうところがある。

二人の心ない会話合戦が始まる。

「いやー、僕の役目は終わりましたねー」

「何言ってるんですかー、こんな風に『レストランと○こ（ラスボス）』も実は良いお店かも知れませんよー」

ブラックと月夜野の会話は宙を舞っている。

「いやー、仮病を使ってでも逃げますよー」

「最後はレンジャーみんなそろうんですよ！　月夜野も来るのよ！」

「私レンジャーじゃないよー」

「誰だこの企画立てたの!!」

ここで月夜野と私いつもの口論となる。

「食べられないものとかないんですか？」

私はブラックに尋ねた。

「ないです」

「じゃあ毎回くればいいじゃないですか」

「いやそんなこともないです。食べられないものいっぱいあります。月夜野さんがいるじゃないですか」

ブラック言ってることむちゃくちゃだよと、突っ込む間もなく月夜野に水を向けるも、

「私この連載本当に関係ないから！」

逃げる月夜野、追うブラック。

「いえ、こういう連載には月夜野さんのようなにぎやかしが必要なんですよ。これからもよろしくお願いします」

に……にぎやかし!?　にぎやかしって言った？　今ブラック。こんなよろしくお願いしますを私はいまだかつて聞いたことがない……。

そして、このお店は、町中の普通に入れてとてもおいしい焼き肉屋さんなのでご紹介させて頂くことになる。そのご挨拶《あいさつ》に行ったときブラックは、

「大泉のおいしい店を紹介してましてー」

と、立花いわく、「まるで町のタウン紙を作っているような素振りだった……」と頭を抱えていた。タイトル……あんな思いきり生きてる店にタイトルを言わなくていいのか……それともあたしたちが言うのか！　ちなみにこの後、ウンポコを見て頂くと、掲載を拒否されました。

「いやー、良かったなー僕今日で」

これが唯一、この日のブラックの心ある言葉だった。

その後ブラックは月夜野と私たちに、大泉の危険な店市中引き回しにあうが、最後にブラックは勇者なところを見せてくれた。

こうなったら連載一回目の中華飯店に連れてったると、

「ラーメンの一つも頼んで来い！」

と、店の前にほっぽり出すと、なんとドアを開けて、

「何か食べられるものありますか」

と、聞いて帰って来た！　すごい勇者だ。

それがなんとあの親父、

「ある」

と、ぬかしたらしいが、店は、一年前に三人の客が来たせいなのかなんなのか、中も外もどうやら以前よりは整理整頓されていたらしい……ブラックはとことんついている……。

私たちに羨ましがられながら、

「それでは！」

と、爽やかにブラックは去って行った……。

さて。

「あのさ……」

「なんかさ……」

「おなかすいたよね」

実は割ときっちり焼き肉を食べさせて頂いた私たちだったのだが、ブラックとの初対面という

ことこもあり話も弾んで、ビビンパも食べたし白いご飯も食べたが空腹だった……（意味がわからないがとにかくハラがへっていた！）。そこに月夜野が、

「新しいお鮨屋《すしや》さんができたのよ！」

と、言い出し、一生しないだろう焼き肉、鮨、の梯子《はしご》をして、きっちり一人前分ずつ食べる。

さらにそれでもなんだか、

「足りないわね……まあ打ち合わせも兼ねて」

と、ファミレスに入り、立花と月夜野は巨大なパフェを食べた……（ここで一歩引いた素振りの私）。

「しかしブラック、会話に一つも心なかったねー」

ひとしきり、ブラックの話題なども経《へ》て月夜野、

「あの後鮨とパフェ食ったって聞いたら、驚くだろうなあの小食男」

小食男、と、言った。いや、社の予算を大事にしている勤勉な若者なのかもしれない。

だがここらへんを読んでブラックは、

「月夜野さんのような『にぎやかし』が必要なんですよー」

が、失言であったことにようやく気づくだろう……。

しかし実際、月夜野は必要なにぎやかしである。

「ラスボス『レストランと○こ』も一緒に行くよ！　おこじょ！（なんと知恵の神らしい!!）」

「やだよー、あたしレンジャーじゃないし」

「あ、あれだね。月夜野はさ、番組違うけど仮面ライダー改造しちゃう……誰だっけ、なんとか博士」

「ちょっと！　あたしをあんなインフォームド・コンセントもしないじいさんと一緒にしないでくれる!?」

は？

「何故突然インフォームド・コンセント？」

パフェを前に、小首だって傾《かし》げたくなりますがな。

「聞くべきでしょう！　勝手に改造する前に」

「だって生きるか死ぬかの問題なのよ!?　仮面ライダーにならないと死んでしまうのよ!?　インフ

ォームド・コンセントしてるバヤイ!?　『あなたは仮面ライダーになりますか？　それとも死にますか？』」

「するべきでしょう！　アルベルト・ハインリヒの悲しみを知らないの!?」

誰やねんそれ。

「事故に遭《あ》って気を失ってる間に、手足を機関銃にされて爆弾まで埋め込まれてしまうのよ！」

「サイボーグ００９」の００４「アルベルト・ハインリヒ」でした。フルネームで言われたので、本当に何処かで改造された人なのかと思いました。

「しかし私は死ぬぐらいなら、仮面ライダーになるが……」

先ほど寝起きの立花と、鍋を食いながらふとその話になった。

「いや、あのおこじょ改造する側の方だから、触角《しょっかく》付けたりすんのめんどくさいんじゃないの？」

この立花の答えもどーかと思う。

今回は、肉について深く考え、ブラックは番子先生の「暴れん坊本屋さん」の黒子担当に似てるなあ……と深く考える私たちでした。

いやホント、とにかく肉はよく焼いて焼いて！

あと仮面ライダーとかレンジャーにされちゃうときは、インフォームド・コンセントを！

肉のレジャーランド(仮)
判定
いやいや
生きて…
う〜
半死半生
(菅野)
翌日寝込んだから…
死
直紀
幸福焼肉(仮)
ぽかぁ
幸せだなぁ
生
ブラック
ギリ…

いつもは私と立花の駄目な日常から始まるこの連載だが、第一部最終回のみ画期的な変化を遂げている。

立花が危険度の高い地雷になってしまった……。

なんのことだ。

なんと隔週で（他社だけど「ビーラブ」読んでね。おもろいよ!!）大連載が始まったのだ。ジャ○プの作家かおまえは。いやいとめでたきことだ！　だが立花は忙しくなると、駄目人間の時とは百八十度違って人ですらなくなる……。

なので、近所に不安定な地雷が置かれたので薄情な私は会津《あいづ》に逃げた。月夜野《つきよの》は、

「あのストレスを浴びに行くのよ」

と、差し入れをしたりしているらしい。さすが知恵の神……何がだ私。

しかし――今回、帰って来ましたよ。ラスボ

スを倒すために。ラスボスと戦うために。「レストランと○こ」にレンジャー大集合で向かうために……。

行きたくねー!!

「レストランと○こ」……その写真を見せられたのはいつのことだったか……。連載二回目が終わるころ、立花に見せられたのだと思う。

あの写真を人々に見せたい。

「え？　廃墟でしょ？　これ。廃墟でしょ？」

何度でも確認。

白い壁に錆《さび》が降り、ひびが入っているように見えて、人が居る気配が伝わって来ない。レストランだと立花は言った。

「営業してるらしいよ……」

ああ、何度でも言う。あの写真を見せたい。

その後、「レストランと○こ」で検索を何度となく繰り返したが、何度繰り返しても、「あなたの知ってる霊感スポット」という項目しか出て来ない……。

こりゃ行くしかないだろ、最終兵器だろ、と探訪隊としては思えども、近づくほどに心は青ざめる。

前日、私は立花や、レギュラーの筈なのに仕事が忙しいので「と○こ」には行かないと言う月夜野たちと、最後の晩餐《ばんさん》とばかりにおいしい居酒屋でおいしいごはんを食べまくった。

田舎《いなか》から帰ったばかりの私は、立花に、

「なんか全てがゆるみきってるね……」

などと言われつつも、明日のために捕食に余念が無い。

時々私たちは、「と○こ」のことを思い出しては、

「行きたくないー!」

と、酒に溺《おぼ》れたりして、途中、おいしい鯛《たい》の昆布《こんぶ》じめを食べていた立花が昆布じめの間違った

イメージから、

「いっそあたしを昆布で絞《し》めてー!!」

と、昆布で首を絞めろと友に強要した……。

「おまえ……『だけど作ってるのは「と○ちゃん」だよ？　案外おいしいかもよ』、とかぬかしてたよな……」

「だってそこが地元の友達の会社の上司が、『と○こさん』と同級生で、『あ、と○ちゃんね』って言ったって言うから……」

「誰にだってたいていは同級生というものは存在するわ！」

行く前から大ゲンカの私たち……。

その『と○こさん』は、そもそも営業しているのかと立花の友達が電話をしたら、ものすごくどすこい声で、

「どちらさまですか!!」

と、お怒りだったと言う……何故、何故なの『と○ちゃん』。もしかして霊感スポットとか言われてるから、いたずら電話が絶えないのかしら。だとしたら気の毒よね。だってもしかしたら本当は、普通においしい洋食屋さんかもしれないのに……。

虚《むな》しいだけの夢を見るのはよそうって、何故《なぜ》学ばないの私たちこの連載で……。

そして、ついにレンジャー集合決戦の日、前の日飲んだくれていたせいでグリーンやブラック

に私たち一度も連絡していなく、誰がとんずらしてもおかしくない状況で、それでも私は起きてないかもしれない立花を十分早く迎えに行った。

目が覚めてしまったのか、珍しくも立花は起きていた。

待つ間、立花の大家さんの飼い犬まるちゃんに癒《いや》しを求める。前にも書いたかもしれないが、まるちゃんは雲仙普賢岳《うんぜんふげんだけ》の難民犬だったところを広いお庭の大家さんに引き取られて来た。

「おまえの幸運を分けておくれまるちゃん……」

立花とまるちゃんを撫《な》で繰《く》り回して、重い腰を上げて出掛ける。

レンジャー集合は、西日暮里《にしにっぽり》の駅であった。少し早く池袋に着いてしまったので、空腹が最高のスパイスになることを避けるために、「ルノートル」でおいしいパンと腹に膜を作るための飲み物を注文する。

「おいしい……このパンの味を忘れないために、噛み締めておこう……立花」

「そうだね先輩」

「ああ行きたくない行きたくない！」

「行きたくない！」

「じゃあ帰ろうか立花！」

かつてここまで行きたくなかったことがあっただろうか！

何せ今回は味がどうとか言う以前に、「霊感スポット」なのだ。霊……私は信じていないけど怖い、というタイプ。

なので塩を紙に包んで持って来ていた……。

「先輩……マジすか」

「そういうこと言うと分けてやらんぞ」

「分けて分けて！」

ルノートルで私たち、塩を半分こするおかしな人たちになる。

「西日暮里まで行けば……」

「担当さんたちが首根っこ引っつかんで連れてってくれる……」

「でも待って先輩……誰が行きたいというの『と○こ』に。レンジャーたち誰も行きたくない……」

「そうよね……首根っこ引っつかみ合って行かないと……」

どんなテンションの低さだと暗黒（暗雲の間違いではない）漂わせながら、西日暮里に。JRの構内で、場所が西日暮里だからか数珠《じゅず》を売っている。

「これを……買うべきではないのか立花」

「しかし数珠は始末に困る……」

「あ、こっちに魔よけの、ちょっとファッションに見えなくもないブレスレットが！」

魔よけ、という言葉に見入って、私たちは迷わずブレスレットを購入した。

塩、魔よけのブレスレット。

そんな完全防備の私たち。

だが、定刻になっても中々、グリーンとブラックに出会えない。

電話するとお互い西日暮里の構内にいるのだが、十五分ほどさ迷う。

「始まっているのだろうか……『と○こ』の魔力が……」

霊感スポットが何か違うものに変化を遂げ始めるころ、やっと四人は出会えた。

取《と》り敢《あ》えず私、グリーンに訴えてみる。

「行きたくないですー」

するとやさしさ光線が武器のグリーン、くるりと踵《きびす》を返して、

「じゃ、行くのやめましょう!」

ブラックも、

「銀座辺りに繰り出しましょう。蕎麦《そば》でも!」

しかし立花、

「え……でも現地にはシルバーが」

そうなのです。

最後には光り物が登場する。今回、ラスボスと戦うために登場した、不幸にも目的のレストランが地元のシルバーが、二度も下見に行ってくれてさらに車を出してくれて現地で待ってくれているのでございます……。

このとき私は人の心を捨てた。

「そんなのどうだっていい!!」

「何言ってるの！　さ!!　みなさん行きますよ千葉!!」

この瞬間、ぐだぐだのレンジャーにリーダーが生まれた……。

地雷立花、忙しい仕事を押して来たのに、第一部最終回に銀座で蕎麦でいー訳ねえだろと暴発。

ごもっともです……リーダー様。

電車の中で私たちは、

「塩とブレスレットで完全防備です」

と、自分たちばかり魔よけしようとしていることを、グリーンとブラックに披露《ひろう》する。

「大丈夫大丈夫、学食みたいな感じらしいですよ」

と、相変わらずブラックはよくわからないことを言う。

そして密《ひそ》かに霊を恐れるグリーン、

「ああいうものは、霊感のない人には憑《つ》かないんです。私は霊感ないから大丈夫です」

「でもドラマやマンガって、必ず無自覚の人に憑くじゃないですか」

私はいじわるな訳ではない……怖いんだって霊とか！

「先輩！　マンガの知識を総動員しない！」

立花に怒られ、電車の中でも荒れ模様。

「着いたらまず先に、隣の『○○屋釣り具店』で釣り具を購入します」

ブラックが唐突に、釣り具を買うと言い出した。魔よけか!?

「通りすがりの客が真っすぐ『レストランと○こ』に行ったら、どう考えても不審者だそうなので、タクシーで乗り付けるなどあり得ないそうです。という訳で、今回はそれらの下調べをしてくれたシルバーが車を出してくれた上に綿密《めんみつ》な計画を」

「では、『あ、釣り具買ったらおなかすいちゃった。隣にレストランが』という小芝居《こしばい》をするわけですね」

「そうです」

さすがレンジャー。素晴らしい計画が、私たちが飲んだくれている間に練《ね》られていた……ごめんなさい。

そうこうしている内に電車は都心を離れ、長旅なのでとそれぞれ別れて、椅子に座る。

ぼんやりと私は立花に呟《つぶや》いた。

「閉まってたらどーする……真面目《まじめ》な話」

そう。

今回は、千葉までみんなで行って閉まってるかもねー、という「不定休」というハイリスクが待ち受けているのであった。

「そのときは、釣り具屋で釣り具をいっぱいいっぱいいっぱいいっぱい買って、新書館の領収書を……」

立花、やはり安定度が低い。

「立花……わかっていると思うが、領収書集めをしてるんじゃないんだよ……」

「そうね……ちょっと錯乱《さくらん》気味なのね……」

景色が千葉になるほどに、確かに錯乱していく私たち。

結構程なく、電車は目的の千葉の某駅に憑いた。違う着いた。

そこに遅れて来た私たちを、温厚そうな最終兵器レンジャー、シルバー（編集さんですわ）、が待ってくれている……。

何処《どこ》か人の好《よ》さそうなシルバーが待っていてくれた姿を見たら、急にさっき「そんなんどうでもいい」とぬかしたことが申し訳無くなって、

「無礼を……すみません」

と、謝るが、何も情報を得ていないシルバー、

「いえいえ」

と、気軽に車を出してくれる。何処かほのかに、ブラックと同じ適当さが香るシルバー……社風なのか？

「さっき見て来たらやってました。大丈夫ですよ」

そう、この大丈夫ですよ、はブラックからも意味なく聞く台詞《セリフ》。あ、でもこっちの大丈夫は本当の大丈夫だ……違いのわからない女になってるぞ私。大丈夫か。

さて——いよいよ。

「まあ……建物に関しては着いてから」

国道を走り、道の途中にかつて「中華飯店」だったのだろうが、完全にお亡くなりになっている「飯」の字しかない店を横目で見つつ、道沿いに、ついに最終ラウンド「レストランと○こ」は現れた……。

見るなり、

「おまえにここ紹介したの誰だ!!」

間髪《かんはつ》入れずに私は、立花の首を絞めるしかなかった。

「友達の友達……誰だかわからない……だからこんな風に首を絞めることもできないのー」

立花も黙って絞められている。いっそここで思い切ってやって、くらいの無抵抗。

写真に違《たが》わず、いや、生《なま》の迫力とは……この廃墟写真集に載ってもおかしくないレストラン。スの棒が一つ落ちて、「レフトランと○こ」になってしまっている。

「レフトランの料理はどんなかな……」

「そうですねえ」

綿密な計画を立てた筈のシルバー、唐突に「と○こ」の駐車場に車を突っ込む。

「何故……？　釣り具屋に停める筈だったのでは」

グリーンとブラックは予定通り、それでも釣り具屋に向かおうとした。

しかしシルバー真っすぐ「レフトラン」に足が向いている。

「待ってくださいシルバー！　あ、あなたの立てた素晴らしい計画が、水泡《すいほう》に帰《き》すではないですか！」

「いやあ、おなかがすいちゃって」

シルバー、おなかがすいちゃったので計画は瓦解《がかい》し、私たちは真っすぐ「と○こ」五人組の不審客になるのであった……。

さて、危険な店を見分けるいくつかの条件、覚えておいでだろうか。

まず店の見た目。完全クリア。そして店内に入ると、どことなく……、

「この匂いはなに……」

「先輩……これがいわゆる廃墟臭では……」

積もった埃《ほこり》に油が固まった匂い？　みたいなものが……。

店内とか
さすがラスボス
ガムテの補修すらせず…
はがれっぱなし。
このへんから時折
と○ちゃんが
見てる
レンガ模様の
かべがみが張ってある
引き戸…。
昼間なのに
電気がついてるのに…
暗い!!!
☆本日のランチ☆
ハンバーグ
エビフライ
ナスフライ
全部で!
580円
安!
ナス…
フライ?
メインとして?
と○こさん
(らしきん)
常にとても
悲しげ〜
な

テーブルと椅子は、見た目はともかく清潔だった。しかし壁紙がほうぼうはがれたまま、放置されている！　これが今までになかったポイントだ。今まではガムテープ等でとめてあった。それもどーよと思っていたが、ここでははがれるままに任せてある……はがれ放題だ。

そして肝心の「と○ちゃん」は、私たちがそもそも不審なのがいけないのだろうが、非常に不安げ。

それでもいかねば。メニューを囲んで私たち頭を抱《かか》える。

「正直私は、今日カレーに逃げるつもりでした……」

私は昨日から、カレーを、としゅたっと手を上げる練習をしていた。カレーは安全パイな気がしたのだ。

「残念だね先輩！　カレーないよ」

立花が、こ憎たらしい。

「ソティーに……なってますな。ソテーが」

ブラック、ソティーに釘付けになる。

「先輩、魚料理見て……」

魚料理、カニクリームコロッケ、エビフライ。

「甲殻類《こうかくるい》やん……」

「魚じゃないよね」

さらに、「スパゲティイタリアン（しょうゆ）」なるものもある。

「私はハンバーグサンドにします……」

一見無難そうなものに、グリーンは決めた。

「グリーン、ビールはいいんですかビールは」

「ビール……そうですねビール、アルコール消毒しないと……っ」

ちょっと何を言っているかわからなくなったグリーンは、店に入った時点からかなり動揺している。

しかし値段が安い……。シルバーに問う。

「これは地元価格ですか？」

「いえ、とても安いと思います」

とにかくあらゆる食事が５００円。飲み物は２００円。

「誰かこの、ハンバーグと海老《えび》フライと、茄子《なす》の揚げ物などの定食５８０円を頼まないといけませ

んね……」

　私、暗く呟くとシルバー明るく、

「あ、僕いきます。おなかすいてるんで」

　揚げ物は……危険だぞシルバー。

「じゃ、あたしはスパゲティイタリアン（しょうゆ）で」

「あ、立花あたしそれ行こうと思ってたのに」

「え、譲ってもいいけどほかになんか変なのある？」

「じゃあやっぱりあたしはカニクリームコロッケで行くか……」

「僕はチキンソティーで」

ソティーに拘《こだわ》り倒したブラック、初志貫徹《しょしかんてつ》。

ところが危険な店ファクターその……いくつだ。メニューにあるが、実際にないものがある。カニクリームコロッケはなかった……。

だが後のことを考えればなくて良かったのか悪かったのか、今では判断できない。忘れていたがこいつも思いっきり揚げ物だし、あったとしても冷凍庫で二十世紀から眠っていたカニクリームコロッケかも知れない……。

代わりに、ハンバーグステーキをお願いする。

そうして注文し終えて、気づかなくていいことにブラック目ざとく気づく。

「窓のところに祠《ほこら》が……」

「……!!」

「……っ……」

「…………」

「…………!」

何か封じてあるのかと、皆息を飲む中、

「犬小屋かも知れませんよ……」

和《なご》ませようとしたのかブラック、つまらんことを言ったためにみんなに一斉に非難される。

「大丈夫です大丈夫ですお供《そな》え物《もの》がしてあります……随分《ずいぶん》昔からの」

「どうしてそう余計なことを言うブラック！」

そんなブラック、どうしてそうなのとプライベートについて聞くと、ブラックのプライベートは謎に包まれていることになっているそうだ。

「まあ……今日一個ブラックネタがあるからいいんですけどね」

私はメモ書きを開いた。

「なんですか」

「ああこれだ。電車で本を読んでたじゃないですか、ブラック。そしたらあなたの担当の立花が、荒《すさ》みきって『あいつ……編集者ヅラして本なんか読んでやがるぜ……』と荒みメーターも振り切る言い掛かりを」

立花とブラックは担当と作家として、遠慮のないとてもいい関係を築いていると私は思うが、ブラックは、

「僕はもう二度と一緒に探訪しません！」

プンスカと怒っていたが、それもきっとグリーンがやさしさ光線でなんとかしてくれるだろう……。

しかしグリーンは、

「男の人の腹は繊細《せんさい》さに欠けますよね……特にシルバーは、一人で二人分働いてくれますよ」

その場でシルバーを売り飛ばしたが、確かに「おなかがすいたから」（！）という理由で真っすぐこの店に入れたシルバー、ただならぬ強さを感じる。

突然、普段平静を装っているが時々よくわからない場面で動揺するブラックが、

「スズメが！　スズメが!!」

と、騒いだ。

「スズメ？」

窓にスズメが二羽当たったらしい……。

「スズメが二羽ガラスに激突して来ました！　ヒッチコックですよ!!　霊障《れいしょう》ですよ！」

ブラックー？

私はここで、ある準レギュラーを置いて来たことを後悔した。

落合で痛い目を見た、名優岩田光央《いわたみつお》様である。岩田さんはあのとき腹を壊したにもかかわらず、

「おう、いつでも呼んでくれやー」

と、江戸っ子のように気安くまた参加してくれると言ったが、今回は千葉まで連れて行って店が開いてなかったら悪いなーと置いて来た。

後にこの話すると岩田さん、

「なんで俺を連れて行かなかったんだ！　霊なんか俺が吹っ飛ばしてやったのにー!!　がっははははっ」

と、豪快に抜かして下さったのだが、私が彼をお連れしなかったことを後悔したのは、岩田さんが死ぬほど霊が苦手な超へたれだからである……どれだけ祠とスズメでいいリアクションくれただろう。

いやでもブラック。

君もホント最高。毎回来てね……。

そしていよいよ、これが本番と言えば本番の料理が出てくる。

まず、グリーンのハンバーグサンド。

「……私、こういう成形肉のハンバーグ駄目だってこと忘れてました」

一個食べて、グリーン大胆にも真ん中に放置。

同じハンバーグが乗っているのだろう、私のハンバーグステーキ。

成形肉とかいう問題ではない……。

「い○いのハンバーグ、生煮え……ってこんな感じ？」

そして立花。

「しょうゆ！　しょうゆスパゲティ。イタリアは何処!?」

一口貰うと、それはあまりおいしくない焼きうどんの味がした……。

「パスタかな」

私は一応イタリアを見つけてやったが、立花に認めて貰えなかった……。

グリーンも一口食べ、

「何かの付け合わせについて来たら、食べるでしょうか……」

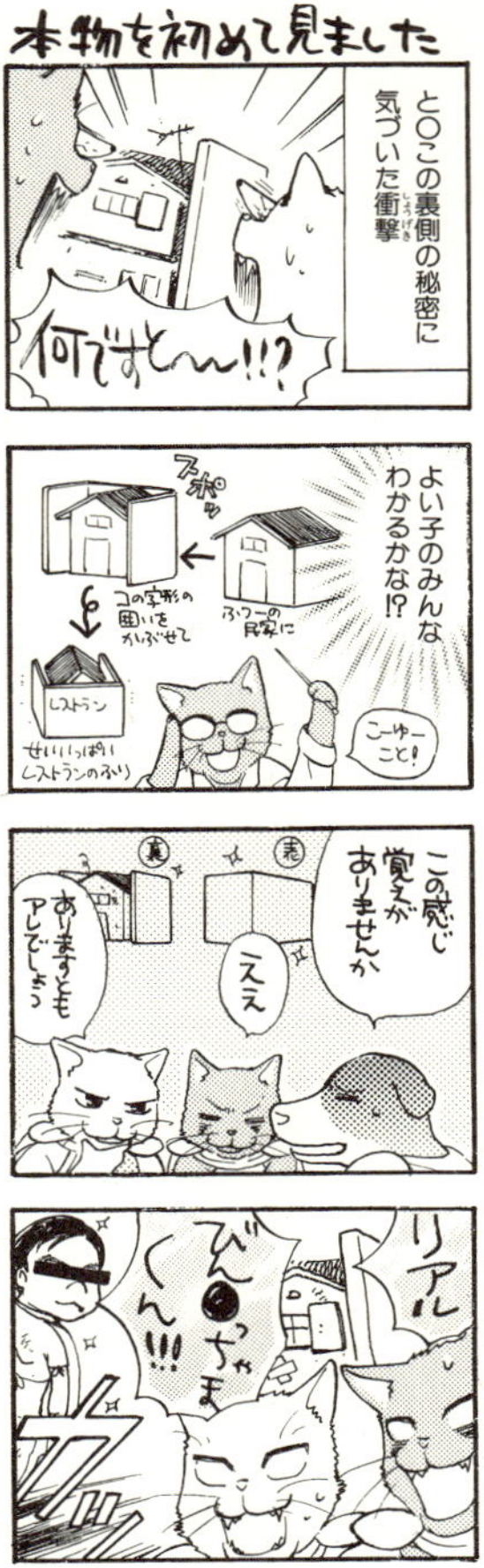

しかし雑食男子二人は、何も言わず定食とソティーを食し、あまつさえグリーンが放棄したハンバーグサンドを食べる。

「男の人って……」

グリーン溜息。

「僕ら学生時代に苛《か》酷《こく》な目にあってますから」

「割と、おなかがいっぱいになれば平気です」

そんな二人に、グリーンは独り言のように、

「限られた時間の中で、一食でもおいしいものを食べようと思わないのでしょうかね……」

呟くので、

「日々そういうことを考えていると?」

と、問うと、

「もちろんでございますとも……」

と笑顔で答え、これだけは間違いのない瓶の一番搾りを飲んだ。

途中、

「第二幕スタートは、世界のラーメンですよブラック」

と、ブラックに心の準備をして貰う。

「なんですか僕はこれで最後だって言うから来たんですよ! 僕はもう二度と行きませんよ!」

「いえ、あなた私の担当ですから……」

一緒に行って当たり前じゃボケ、とスパゲティにまだイタリアを探しながら立花が正論を言う。

混乱するブラック、

「担当じゃなくても次々に素晴らしい刺客《しかく》を送ります!」

「刺客私らに送ってどうするんですか!!」

もう担当も作家もない、完食の頃には心は千々《ちぢ》に乱れ飛ぶ。

私と立花、グリーンの女三人は——本当に、既に吐きたい。男子二人は元気らしい。

「立花、プリンアラモードいかないと……」

「そうだね先輩」

だが注文すれど、ない。

結局立花アイスクリーム、シルバークリームソーダ、グリーンブラックコーヒー、私紅茶を頼む。

アイスクリームは、こう、業務用なんでしょうなあという懐かしい味がして普通だった。コーヒーはキーコーヒーだ。紅茶は……出し過ぎたリプトン。

そして、後に聞くところによるとクリームソーダがスペシャルで、

「ソーダがほとんど入っておらず、メロンシロップの原液でした……」

シルバー……何故その場で言わぬ……。

立花は業務用アイスクリームの甘さに負けて、うっかり100%水道の水を飲んでしまう……。

そして肝心かもしれない、「と○ちゃん」だが……。

そっと立花が撮影したり、私がメモ書きしたりしていると、気づくと酷《ひど》く悲しそうに物陰から私たちを見ている。声も悲しそうで消え入りそうだったと皆言うが、私はどうしても声を思い出せない……。

衝撃は、店を出た後に待っていた。

シルバーが、釣り具店の方に私たちを誘導する。

「もう少し……こっちに。ほら」

これ以上何が見えるのかと恐る恐るついて行くと、

「……!!」

悲鳴、あげたかもしれない。

なんと！

正面から見ると、白くうら寂れた三階建てぐらいに見えるビルのような「レストランと○こ」の、そのビルは張りぼてで、後ろから見るとただの二階建ての民家なのだ……。い、意味がわからないよね。私たちも見た瞬間目が飛び出したよ。

つまり、この店は普通の二階建ての日本家屋の、三方向に囲いをして、ビルに見せかけているのである……。

「しかもあの二階絶対住んでる。オールクリア……あ、あああっ」

衝撃に震えていると、いつの間にそこに移動したのか「と○ちゃん（赤の他人のパートさんだ

ったらごめんなさい……そうじゃなくてもすみませんよ本当に）」、勝手口からそっと私たちを悲しそうに見ている……。

申し訳ないが私と立花は、互いに背に塩を投げ合った。

「なにしてるんですか」

呆れて問うブラックに、

「そういうこと言うと振ってあげませんよ」

と、言うと、グリーン、ブラック、シルバー、皆現在とても忙しく、

「今霊に取り憑かれている場合ではないので……振ってください」

と、背を屈《かが》めた。

忙しいと人は心を亡くす……今、とかじゃないでしょみなさま！

その後、心のオアシス、スタバに移動。

「でもできたての二十年前は、ファミレスもなく混んでいて、町の華やぎだったらしいですよ」

様々リサーチしておいてくれたシルバーから、そんな驚きの事実も聞く。

「十三年前にはもう、『レフトラン』だったらしいですが……」

細かいデータだ。

ここで時々出るブラックの、

「左へ走れですね。左へ走って裏を見ろですよ」

という、本当に意味のない呟きが……。

その辺りで、常にクールだったシルバーの様子が刻々とおかしくなって来る。どうやらボディブローを食らっていたらしく、段々と顔が苦悶《くもん》に満ちてくる。

私はその場で気持ち悪さに耐えられなくなり、

「デトックスして来ます……」

生煮えハンバーグをオールリバースした。グリーンも立花も苦しんでいる。

テンション下がり切って駅に行く道すがら、シルバーが、

「今日で『と○こ』行くの偵察含めて三回目なんですが、三回ともこんな天気なんです……」

もあっとしたとても気持ちの悪い嵐を指して、言った。

この後、車を置いて出社すると言ったシルバーは定食をリバースして会社を休み、グリーンは吐き気と戦った揚げ句その日、聞いたがここに書けないくらいついていない目にあい、立花は三十八度の熱を出し、私はブレスレットをしていた方の腕が、霊障なのか蕁麻疹《じんましん》なのか赤く膨《ふく》れ上がった。

もう……判定する気力も亡い……。

ところでお気づきだろうか。チキンソティーについてのみ記述がないことを。

さすが強運のブラック。

これが一番普通においしく、そして食事後も元気にぴんしゃんしているという。

これからはブラックに取材に行って貰って、聞き書きで原稿を書きたい。

その日まで皆様、赤い右手で一先《ひとま》ずさようなら！

やっぱりしなきゃね、「あなたの町の生きてるか死んでるかわからない店」、判定はもちろんお亡くなりになっておりましたでございますともよ。

なんか今回ばかりは行く前から、はっきりわかっていた気がする……。

せっかく新書館が刷《す》ってくれた、「店が生きてた時用名刺」も置き去りにして来た私と立花であった。

あなたの町の、は、充分すぎてお釣りが来たラスボスを迎えて一幕を終えるが、もし再開したらこれからはいつでも一緒だよブラック……。

もうちょっと私たちにやさしい、「あなたの町の生きてるか死んでるかわからない店」、まだまだ求ム。

判定
も
ち
ろ
ん
死…!!
そうですかー?
?

あなたの町の生きてるか死んでるかよくわからない店探訪します。

探訪隊、私菅野彰と立花実枝子。おもしろ雑誌「ウンポコ」から出張して参りました。お仕事はこのタイトルの通り。頼まれても頼まれなくとも、「え？　この店営業してるの？」、「え？　この店やってるみたいだけど中ヤバそうじゃない？」みたいな店に突撃致します。

数々の、店ではなく私らの生死を賭けたと言ってもいい突撃レポートが今月一冊の本にまとまりましたので、どうか一つその戦いを手に取ってやって下さいまし。

さて！

今回は恐怖の中華飯店篇。何故に恐怖かと言えば忘れもしないウンポコ連載第一回目、私と立花、そして付き合って突撃してくれた月夜野《つきよの》亮《あきら》が、存分に撃沈したのが中華飯店（単行本参

照）。以来中華飯店と聞くだけで、

「ひー！」

と、悲鳴が漏れる中華飯店……。

しかも今回の一軒目をご紹介下さったのは、私と立花が以前突撃して一日倒れた「肉のレジャー（仮）」に、

「普通に入れますよ」

と、おっしゃる橋本正枝《はしもとまさえ》先生……。

どんな怪しい店が待ち受けているのかと、行

く前からおののく私と立花。そして月夜野。

少し解説しよう。私たちは戦隊ウンポコという弱そうなレンジャーである。私がブルー、立花がレッド、私の担当のI川がグリーン、そして立花の担当のM沢がブラック（なかなか出て来てくれない）。霊感レストランが地元だという理由で駆けつけてくれたシルバーY野は今元気でいるだろうか……霊感レストランには存分に痛め付けられた。

割と負けてばかりのへっぽこレンジャーだが、打たれても打たれても生死不明の店に戦いに行く。それは知恵の神おこじょでもある月夜野が、暇そうにしていた私と立花に企画立案だけして笑いながら去って行ったからだ……。だが責任を感じているのか（多分感じていない）、今回も突撃に付き合ってくれた。

という訳で私と立花と月夜野は、グリーンと橋本先生、そして橋本先生の担当さんK谷と待ち合わせるため、怯えながらも西武Y沢の駅に降り立った……。

「なんだろうこの町」

町、が既に私たちを震撼させる。

「戦後直後で時が止まっているよ！」

町の人もいるのに、大声でおこじょ月夜野が悲鳴。

「この町に存在する怪しい店……一体どんな」

改札で私も立花もよろりとする。

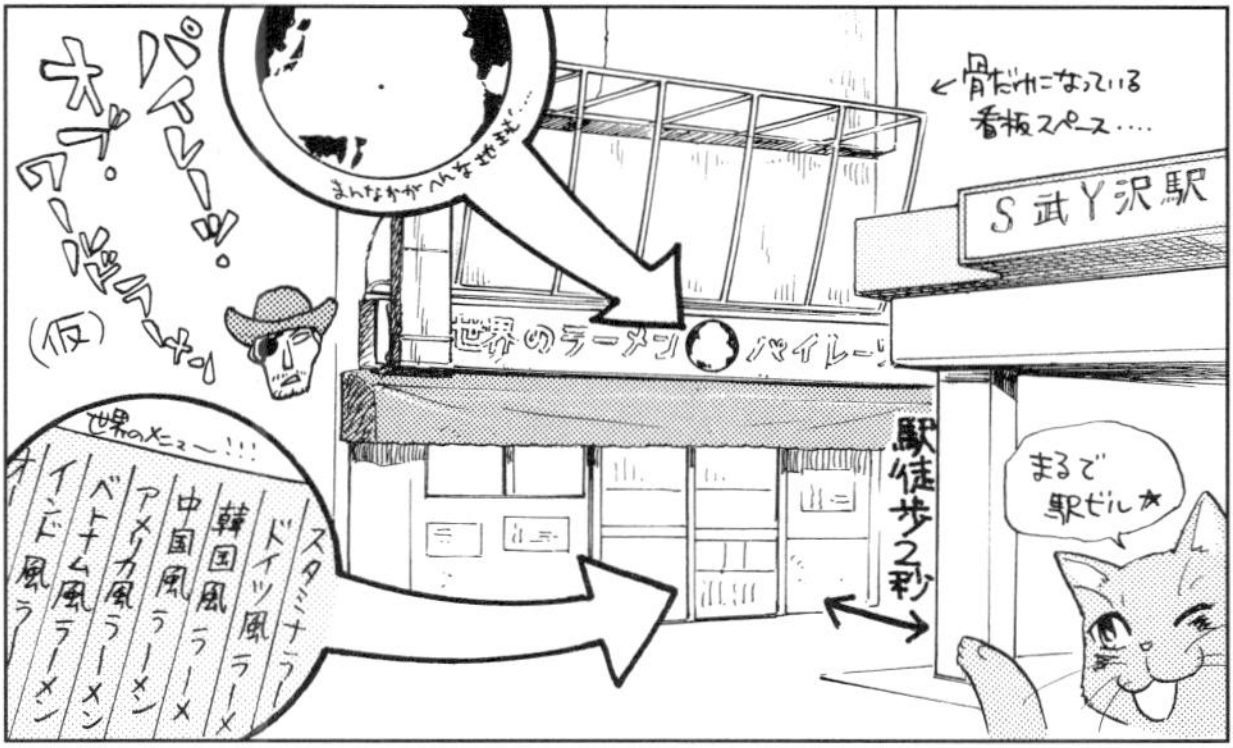

西武Y沢の中華飯店、名を「パイレーツ・オブ・ワールドワイドラーメン（仮）」という……。前日、私たちは頭を付き合わせてこのラーメン屋について思いを巡らせていた。

「世界のラーメンありますってことだろう……世界にはラーメンがないのに。ドイツのラーメンにはソーセージと酢キャベツが」

「そんなの普通だよ先輩」

呟く私に立花が言う。様々な修羅《しゅら》を経て、立花はボーダーが低く下がり落ちている。

「イタリアのラーメンにチーズとか」

「ブルガリアのラーメンにヨーグルトとかね！」

おこじょ月夜野が、想像するだけで胃がせり上がることを言った……。

この取材、いつ誰に言われた訳でもないのにいつの間にか完食がルール。ヨーグルトラーメンが出て来たらそれを全部食べ切らないといけない。

「あたし中国のラーメンにするわ」

「しめるよ先輩！」

逃げを打った私に、立花が先輩なのにしめるという。

だがもう逃げようのないこの何処かで時が止まった町に（野菜も安い）、来てしまった。ああ。

待ち合わせの時間より早くついてしまったので、少しこのレトロ感覚な町を探索しようと駅の階段を降りる。

その階段のド正面に、

「うわー、あれもかなりヤバイねー」

という店があった。

見た目、荒《すさ》んでお亡くなりになっている風情《ふぜい》だが営業中の中華飯店（立花絵参照）。中華飯店……

……？

「あ、あそこだったらかなりヤダね」

おどけて私はひきつりながらも笑ってみた。笑う門《かど》には福来《きた》る。

「違うでしょ違うでしょ」

そんなバッカなー、と立花も明るく笑う。

「待って……」

知恵の神月夜野が、看板が見える位置で足を止めた。

「書いてある……『パイレーツ・オブ・ワールドワイドラーメン』……!!」

「……!!」

「!!」

たとえではなく、立花はショックでそのまま駅の階段から落ちた。

「…………」

しばし皆無言で手摺《てす》りに縋《すが》って、気を落ち着かせる。見た目はヤバくても中は生きてることも何度かはあった。ああだが見た目がヤバイ店は中もヤバイのが世の常人の常……何度でも痛い目を見て参りました私たち。

「ご紹介の上お付き合い下さるなんて……橋本先生なんて豪気な」

その後まだ見ぬその橋本先生、グリーン、K谷と合流する。

「駅徒歩三歩だったので、もう店を見てしまいました……」

テンションも低くご挨拶《あいさつ》すると、

「見ちゃいましたか。すごいでしょ」

あはは、と橋本先生はとても明るい人だった。

喫茶宮殿にて（ここも軽く時が止まっている）テンションを上げて上げて……上がらないが、いざ「パイレーツ・オブ・ワールドワイドラーメン（仮）」に向かう。叶うなら帰りたい。あの死に体の外観でしかもワールドワイドだ。無茶を言うな無茶を。

しかし店の入り口を開け中に突入する……が、中は意外に古いが普通だ。盛大に再放送の「水戸黄門」が五時前を告げている。

しかし壁には、アメリカラーメン（ないから）、ドイツラーメン（ないから！）、オーストラリアラーメン（ないっての!!）の手書きの文字が……。

店は気の良さそうなおっちゃん二人がやっている。何を思っていつからワールドワイドにラーメンを作ることにしたのか問いただしたい。

しばし、メニューと皆格闘する。なるべくアジアなものを食べたい。それじゃ逃げじゃないかネタにならない、ってのに私はベトナム、月夜野は韓国。勇者立花がオーストラリアを、グリーンがアメリカを、K谷がドイツを、橋本先生は海賊ラーメンを頼んだ。海賊ラーメンには七つの海が入っているのだろうか。

さあどんなものが！　と待ち構えると一つ一つ具とスープの違うラーメンが次々出て来る。皆で見聞しあいスープを分け合ったりしたのだが……。

どの国も、何故その国なのか理由のわからないサッポロ一番みそラーメン、もしくは醤油ラーメン、もしくはそこにラー油、みたいな味がする。辛《かろ》うじてドイツラーメンにはソーセージのかけらが入っていたが、韓国ラーメンはただラー油が入っているだけ。オーストラリアラーメンにはオージービーフでさえなく、炒《いた》めた豚が。

「なんか……」

「家で普通に作ったラーメン」

「みたいな」

それが皆の感想であった。

どれも、店を飛び出したくなるようなまずさはない。

だがその後バーに入り、グリーンは、

「酒でラーメンを洗い流します……」

と、強い酒を飲んでいる。

「おいしくなかったんですね……」

「おいしくなかったです」

家で作った普通のラーメン、あんまりおいしくない、バイ、「パイレーツ・オブ・ワールドワイドラーメン（仮）」。

　だが明るく楽しい橋本先生と食後お酒を飲んだ取材が、前もって用意された御褒美《ごほうび》の回だということに、その晩はまだ誰も気づいていないのであった……。

「生死判定でいうと生きてましたね、あの店は取《と》り敢《あ》えず」

　立花、グリーンと酒を挟んで、取材会議などする。

「もう一軒、中華飯店つながりで……あそこ行きますか」

　誰ともなく、禁断の部屋の扉が開けられた。

「あそこかー」

「なんで中華飯店ってやばそうな店多いんですかね」

「簡単に始められるからじゃないすか」

でももう一軒いっとかないとね、てな話になり、「あそこ」に行くことになる。

トノ・アンナ先生ご紹介の、湘南台《しょうなんだい》の中華飯店だ。

鬱蒼《うっそう》と生《お》い茂る雑草の合間に見えかくれする、廃墟？　ねえ違うの？　と、震えるような写真が送られて来たのは去年のことだっただろうか……。

トノ・アンナ先生の担当I田からその写真を受け取った、一緒に連れて行かれかねないブラックM沢は、

「これ……握り潰してもいいですか」

と、握り潰したという。

だが奇遇にもアンナちゃんと立花は、古い友人だった。直で、プリントされたカラーの廃墟が、私たちの手元に送られて来た。

店の外には手書きで、「なんなりとお申し付け下さい」の文字が……。これも私たちの大きなトラウマ、第一回の中華飯店と同じ切り口だった。第一回中華飯店は、「なんでもできます」と言ってはなんにでもおでんの具材を盛って出すのだ……しかも具は古くなっている。

その中華飯店と同じ香りの、湘南台の廃墟。ずっと潰れた店だと思い込んでいたアンナちゃんがそこが営業していると気づいたのも、たまたま通りかかった時に「お盆休業します」の張り紙を見たからだという。

「ひえーやってるんだこの店！」

……と、教えてくれたその店は、最後の奥の手に取っておきたかった。

「でもおいしいって可能性もゼロじゃないよね……『パイレーツ』も見た目はお亡くなりだったがラーメンは食べられた」

「しかし亡くなり方が尋常じゃないよ先輩、ここ」

写真を見ながら、私と立花はうなった。

これまた勇者なアンナちゃんと、付き合いのいい月夜野、二人の担当のI田、グリーン、私立花で、その店に遠路向かうことが決定する。

その日は朝から暗雲立ち込めて、私、立花、月夜野が乗ろうとしていた湘南ライナーが止まっていた。

「行くなと……行くなと誰かが言っているような」

呟《つぶや》く私に、皆無言だ。

だがやがて、いつもの夢を取り敢えずみてみる。

「でもこの間みたいに普通に食べられちゃうかもね。

店やってるんだもん」

「そうだよね、仮にも営業してるんだから」

そうだ。世の中営業してるのに古くなったおでんの具が中華丼に乗って出て来る店なんて、一軒あったらそれで充分だ。

待ち合わせの湘南台駅。わかってはいたがブラックの姿がない。

「何故ブラックは来ないのでしょう……レンジャーなのに」

問うとI田が、

「いってらっしゃいと笑顔で送り出されました。自分はもう卒業したと抜かしていました」

と、言う。

卒業証書……誰も発行してないよブラック！

さて、普通に食べられちゃったら死んだ振りして生きてる店二連発になっちゃうなーとまだ足取りは軽く、駅から六人で十分ほど歩く。

歩く。

そして。

「う……っ」

ある店の前で立ち止まる。冬なので雑草はそれほど生い茂っていないが、屋根が破れて垂れ下がっている、「喫茶・定食・ラーメン三婆（仮）」。

隣の敷地に、「おいしいラーメンの駐車場」の立て札が茂みに落ちてる、「三婆（仮）」。何故三婆なのかというと、マクベスの魔女のように三人のばあさんが店をやっているからだ。

「なんなりとお申し付けください」の立て札はなくなっていた。申し付けられてもできないことに気づいてしまったのか。

しかし店には、営業してないと思われていると気づいたのか、「営業中」の真新しい幟《のぼり》が立っていた。

そこだけ明らかに浮いている店に、勇気を出してみんなで入る。

「この……匂いは……」

店は入るなりヤバイ匂いがした。破れた椅子たちには布が掛けてごまかしてあるが、ごまかし切れていない。

「いらっしゃいませー」

しかしこの店には生きてる店としての重要なファクター、客、がいた。

「まだ希望を捨ててはいけない……」

皆暗い面持《おもも》ちになりながらも用意された席に着き、出された水を飲む。

「水がうまい」

立花が水に希望を見いだそうとするとアンナちゃんが、

「これ普通に湘南台の水だよ！」

と、明るく教えてくれる……。

「ミソラーメン」

と、最初に無難にミソラーメンに走ったのは月夜野だった。

「私はチャーハンと餃子《ギョーザ》……」

私も逃げ腰に無難メニューを頼む。

「湯豆腐……湯豆腐いってみようかなあたし。湯豆腐と中華丼」

お転婆をする立花。

「ネギラーメン」

と、アンナちゃん。

「では私は生姜《しょうが》焼き定食を」

I田は生姜焼き定食を。そしてグリーンは、

「かた焼きそばを」

と。

そして瓶だからこれだけは安全とわかっているビールを二本、みんなで食べる餃子を一枚頼む。だが、この注文を正確に受けて貰うのには、長い時間を要した。ホールのばあさん何もかもが遠くて、

「チャーハンと餃子」

が、

「ラーメンチャーハン（大）」と書かれたりして、一時もその手元から目が離せない。

注文だけでへたっていた私たちの元に、最初に、ビールの付け合わせの「何か」がやって来た。野菜とちくわの何か。

これが最初の一歩。回して食べて、皆複雑な顔になる。

「古い……」

昨日の、とかいう古さじゃない古さが、そこにはあった。だが、だがまだ付け合わせだ。まだわからない（……どうして?）。主役たちはこれからやって来る。

結構待って、一番に私のチャーハンが来た。

見た目が、ぐたっ、としている。ところどころ黒い。

「何故焦がすのお母さん……」

そして一口食べて私は、食してはいけない悪い油が口の中に充満するのに、頭を抱えた。店に

充満している匂いの元は、古く使い回された油だ……。皆に回すも、ただ皆無言になる。

そうこうしている内に無難なものを頼んだはずの月夜野が、テーブルの端で果てしなく落ち込んでいた。

「食べて見て……」

そうして回って来たミソラーメン。

昨日今日のものとはおもえないべちゃっとした野菜の具もさることながら、今出て来たのに何故伸びているのだ麺が。

「食べるのに勇気がいるなー、このラーメン」

「勇気を出して先輩！」

隣から立花に励まされながら、勇気を出して啜《すす》る。

眉間を押さえて長考に入る。悪くなったバターが焦げた味がした。ミソ、の存在感が薄い。

「家庭の味だよね……」

不意に立花が言った。

「そうだね。『パイレーツ』のラーメンは家庭で作ったあんまりおいしくないラーメンだったけど、ここのは家庭で作った大失敗しちゃったラーメン……」

「先輩、せめてあったかいうちに食べなよそのチャーハン」

「餃子でごまかそうと、私は餃子を待っている……」

だが餃子は現れず、一つ一つ長い時間を置いて、次は立花の……「何か」がやって来る。

「ばばあ中華丼見たことあんのか!!」

そう立花に言わしめた中華丼と言う名の、「何か」。ご飯の上に、醤油《しょうゆ》で炒めて焦がした野菜と豚肉が乗っている、「何か」。とろみはない。

しかもみそラーメンと同じく、野菜が死んでいた。

一口貰うと口からぺろりと、

「なんだこりゃー」

と、言葉が毀《こぼ》れ落ちた。

「きびしーなー」

頭を抱えながら立花、自棄《やけ》になって破顔《はがん》。

「でもこないだそんなに頑張らなかったから頑張るぞー」

立花は頑張り屋さんだ。だがそんな頑張り屋さんのところに駄目押しのようにまた、「何か」が。

「焼きそばですか？」

思わずばあさんに聞いた「何か」は、大胆にも湯豆腐だった。中華丼からダシを取ったのだろう昆布がはみ出し、どうしても死んでる野菜の上には、何故かナルトが。

「あはは……頑張るぞー。どうやって食べようかなー、もーどうなってもいいやー」

「何か」、二つを並べて立花壊れる。

「うん！　豆腐は豆腐の味がするね！」

頑張り屋さんは頑張り始めた。

グリーンにスナック感覚だが本物のかた焼きそばが届くころ、餃子が二枚、テーブルに置かれた。

「………」

劣化した赤茶けた油びたしになった皮に包まれた餃子は、

「だからどうして焦がす!?」

ところどころ黒ずみ、盛り付けという言葉の意味を見失うほど、ランダムに置かれている。

「餃子のピラミッドだー」

何処《どこ》までもポジティブなアンナちゃんが、笑った。

人数分用意された小皿に醤油を差しているとき、事件は起こった。

「あ」

アンナちゃん小さく呟く。

「実枝子の小さなお友達が……」

皆で覗き込むと、小皿の醤油に小さな虫が……。

「皿に……いたと言ってアンナちゃん」

「ううん。醤油差しから出て来るのをアンナは見た」

「どうして……どうやってそんなところに入って今まだ出て来た小さなお友達……」

ならこの醤油は全部全滅だと私は絶望したが、

「大丈夫このくらい！」

と、アンナちゃんが食っても平気よと言う。

なので私たちは虫のだしが出た醤油と酢で、餃子を食った。

「……っ……」

過剰な悪い油が、餃子の皮を既に堅くしている。

私たちは昼間だと言うのに、それで全てが洗い流せないかと、浴びるほどビールを飲んだ。

特にテンションを落としている月夜野が、ビールを飲み、何度もラーメンにコショウを掛ける。

それでなんとか味がごまかせないものかと思ったらしいがごまかせず、ついには酢を大量投与し始めた。

その頃、私には遅れてチャーハンのスープが届いた。

「スープ？　みそ汁？」

一口飲んで、面妖な味に首を傾げる。見た目はみそ汁の擬態をしている。立花に回すと、

「こいつが何を言いたいかわからないぜー、何を訴えたいんだ？　ん？　んん？」

スープの声を聞いてやろうと、立花は二口それを飲んだ。

そしてその時、ゆで卵の黄身をまぶしてあるグリーンのかた焼きそばからは、長い髪の毛が……。

もう店を出て行きたかったが、最初のチャーハンから一時間も経とうかというころ、Ｉ田にきらきらした生姜焼き定食が届く。コーティングされたかのごとく、油でぎらぎらした生姜焼き。

皆で一口ずつ貰おうとするも、肉が堅くて切れない。行儀など何処かにすっ飛んで箸《はし》で引っ張り合い、ちぎった肉は口に含むと、

「一体何日付け込んであった……」

という濃く深い味わいがした。

そしてこれについて来たのがあきらかなみそ汁だったので、私のはスープだったと判明する。

そのみそ汁も、

「I田にもこのみそ汁の声が聞こえません……何故か苦いです……」

ただでは済まない。

だがそのみそ汁を月夜野が、

「おいしい、おいしいよ」

と、言いながら飲み始める。様子がおかしいので、

「大丈夫か」

問いかけると、

「なんだかチャクラが開きそう……」

と、うわ言を言い始めた。

ポジティブシンキングの御褒美なのかアンナちゃんには、最後に一番まともなネギラーメンが届けられた。だが私たちが頼んだもののなかで一番まともだったにもかかわらず、ラーメンを与

えられたアンナちゃんはテレビのハラダヨシオと話し始める。

ガテン系のお客さんたちが出て行った後、常連客と思《おぼ》しきおばあさんが一人店にやって来た。そのおばあさんに店の人が冷蔵庫からアルミホイルに包まれた何かを出して、しきりと「おいしいから」と進めている。

「三十分もすれば溶けるから」

と、進められながらも拒まれて食べられていなかったあのアルミホイルの中身が気になるが、そんな頃グリーンのかた焼きそばの中から、巨大なビニールの固まりが出て来る……。

訴えてもいいかもしれないこの店のことは……。

だが私たちの目的は訴訟ではないので、ひたすら完食を目指す。

もう油で喉までいっぱいで、「固めるテンプルを飲みたい……」と誰かが言い出した。

そこに何故か、

「おなかがすいたでしょう（どうして!?）。サービスです」

と、干からびたせんべいと落花生《らっかせい》が差し出されて、私は思わず、

「いやあああっ」

と、悲鳴を上げてしまった……。

悲鳴とは止めようもなく出るものだ。

最初のチャーハンから最後のネギラーメンまで一時間以上掛かったので、チャーハンの人はお

なかが空いたでしょうというサービスだったようだが、唯一安全そうに見えたカキピーもしけっている。

だがミソラーメンを半分以上残したままの月夜野は、解脱《げだつ》しきった顔で落花生をひたすら剥《む》き始めた。

そしてついに手を止めて、不意に、必死で湯豆腐と戦いその戦いを終えようとしていた立花に、

「実枝子はよく食べるわー」

と、呟く。

そのとき立花の全身から、

「殺ス」

と、オーラが出たにもかかわらず、

「その湯豆腐、ちょうだい」

と、月夜野は言った。

少ない残りを食うのかと思いきや、ミソラーメンと取り替えようとして、テーブルの上が騒然となる。

「何考えてんだよ!!」

「大人げなーい、本気で怒らなくてもいいじゃないー」

「どっちが大人げないんだよバカ!!」

友人が友人を、本気で「バカ」と罵倒《ばとう》するのを、私は久しぶりに聞いた……。それほど「三婆（仮）」には威力があった。

アンナちゃんはついにテレビのハラダヨシオに、

「パンツノイロハナニイロデスカ？」

と、聞き始める。

月夜野は、

「のぼせた……」

と、言って店の外に出てうつろな目でふらふらと歩いている。

そして長い苦闘の末私は、

「完食！」

と、チャーハンのレンゲを置いた。

そこにすかさず容赦のない立花、

「スープ」

と、なみなみ残っている「何」、ともわからないものを指さす。

「これは許してー」

泣いたが許して貰えずスープを啜っていると、Ｉ田が、

「ついにみそ汁の声が聞こえました。苦みの正体は出過ぎたにぼしです‼」

と、この店の汁物全体に漂う不可解な苦みの正体を突き止め、皆に拍手を浴びる。

その拍手の合間に、

「きゅうきゅう、きゅうきゅう」

と、変な声を上げて動物が鳴くのが聞こえたと思ったら月夜野だった。

弱り切って、そのままふらふらとトイレに立て籠もる。

随分長いこと籠城《ろうじょう》していると思ったら、出て来るなり私と立花の横に座って、

「もう絶対無理絶対無理絶対無理絶対無理！」

と、本当に泣く。

「あたしも悪かったの。古くなったバター風味のミソラーメンに酢を掛けたらヨーグルト味になっ

ちゃって……『まずいヨーグルト味のラーメンいっちょ』って言ったら出て来るよあのラーメン」

そして軽く混乱しだしたので、月夜野の完食は許すことになった。

他はそれぞれにぐったりと完食するも、私はスープを飲み切った辺りで、「固めるテンプル」を飲まなかったことがあだになり、「うえ」となる。

体が、もう無理だよーと歌い始めて、私はトイレで連載中何度目かの、リバースをしてしまった。

「いやー強烈だった……」

早々に店を後にしたかったが、「喫茶・定食・ラーメン三婆（仮）」の、喫茶の部分にも触れなければならないだろうと、アンナちゃんとグリーンがコーヒーを頼む。

出て来たコーヒーは割りと普通だったが、カップがパンの景品だった。

最後まで見事な仕事をしてくれた「三婆（仮）」を後にして、アンナちゃんお勧めのケーキ屋さんに場を移す。

ここでそれぞれにおいしいケーキと紅茶を頼んで、長い息をついた。

「おいしいって日本語思い出すね……」

「いやー、死んでたわあの店」

「油を総入れ替えしてやりたい」

「油が今でも口の中に残って離れないー」

ようやく存分に、「三婆（仮）」について語り合う。

「でもサービスって言ってくれるやさしいばあさんが三人でやってるから、人生に疲れたときビールだけ飲みに行くといい」

ハラダヨシオにパンツの色を聞いていたのに、アンナちゃんはやさしい。

「あたし……この店のことはいつか忘れられると思うの……」

思いっきり酷い目にあった筈の月夜野、何故だかそんなことを言った。

「一軒目に行ったパンツが落ちてた中華飯店に比べれば……」

「いやー、あなたは今日のことを忘れられないと思うよ」

「今すぐにでも忘れたい……」

そんな月夜野は翌日、ストレスからか口内炎が出来てしまったという……。

あなたの町の、生きてるか死んでるかわからない「喫茶定食ラーメン三婆（仮）」。

言うまでもないが、死んでることを存分に思い知って帰る、湘南台の夕暮れであった。

判定
パイレーツ!
生
三婆
死
菅野がまた
マーライオンに!
ナムナム

この本は、二〇〇七年小社より刊行されたものに、
「おまけ　恐怖の中華飯店篇」を加えたものです。

【初出一覧】
最初の試練 大泉学園篇：季刊ウンポコ Vol.1（'05年3月）
二回目の試練 大泉学園洋食篇：季刊ウンポコ Vol.2（'05年6月）
三回目の試練 中央線沿線篇：季刊ウンポコ Vol.3（'05年9月）
四回目の試練 馬場の次は早稲田界隈篇：季刊ウンポコ Vol.4（'05年12月）
五回目の試練 肉はよく焼いて焼いて篇：季刊ウンポコ Vol.5（'06年3月）
最後の試練……最終兵器と○こ篇：季刊ウンポコ Vol.6（'06年6月）
おまけ 恐怖の中華飯店篇：月刊ウィングス'07年2月号

この本を読んでのご意見、ご感想などをお寄せください。
菅野彰先生・立花実枝子先生へのはげましのおたよりもお待ちしております。
〒113-0024 東京都文京区西片2-19-18 新書館
[ご意見・ご感想] 小説Wings編集部「あなたの町の生きてるか死んでるかわからない店探訪します」係
[はげましのおたより] 小説Wings編集部気付○○先生

あなたの町の生きてるか死んでるかわからない店探訪します

著者：**菅野 彰, 立花実枝子** ©Akira SUGANO, Mieko TACHIBANA
初版発行：2013年2月25日発行

発行所：株式会社 新書館
[編集] 〒113-0024 東京都文京区西片2-19-18 電話 03-3811-2631
[営業] 〒174-0043 東京都板橋区坂下1-22-14 電話 03-5970-3840
[URL] http://www.shinshokan.co.jp/

印刷・製本：加藤文明社

定価はカバーに表示してあります。乱丁・落丁本はお取り替えいたします。
ISBN978-4-403-54190-2 Printed in Japan

「HARD LUCK①～⑤」イラスト:峰倉かずや
「女に生まれてみたものの。」イラスト:雁須磨子

菅野 彰×立花実枝子
Akira SUGANO×
Mieko TACHIBANA
「あなたの町の生きてるか死んでるかわからない店探訪します」

清家あきら
Akira SEIKE
「〈運び屋〉リアン&クリス 全2巻」イラスト:山田睦月

(鷹守諫也 改め)
たかもり諫也
Isaya TAKAMORI
「Tears Roll Down 全6巻」イラスト:影木栄貴
「百年の満月 全4巻」イラスト:黒井貴也

津守時生
Tokio TSUMORI
「三千世界の鴉を殺し①～⑯」
①～⑧イラスト:古張乃莉(①～③は藍川さとる名義)　⑨～⑮イラスト:麻々原絵里依

前田 栄
Sakae MAEDA
「リアルゲーム 全2巻」イラスト:麻々原絵里依
「ディアスポラ 全6巻」イラスト:金ひかる
「結晶物語 全4巻」イラスト:前田とも
「死が二人を分かつまで 全4巻」イラスト:ねぎしきょうこ
「THE DAY Waltz 全3巻」イラスト:金色スイス
「天涯のパシュルーナ①～④」イラスト:THORES柴本

前田珠子
Tamako MAEDA
「美しいキラル①～④」イラスト:なるしまゆり

麻城ゆう
Yu MAKI
「特捜司法官S-A 全2巻」イラスト:道原かつみ
「新・特捜司法官S-A 全10巻」イラスト:道原かつみ
「月光界秘譚 全4巻」イラスト:道原かつみ
「月光界・逢魔が時の聖地 全3巻」イラスト:道原かつみ
「仮面教師SJ①～④」イラスト:道原かつみ

松殿理央
Rio MATSUDONO
「美貌の魔都 月徳貴人 上・下巻」イラスト:橘 皆無
「美貌の魔都・香神狩り」

真瀬もと
Moto MANASE
「シャーロキアン・クロニクル 全6巻」イラスト:山田睦月
「廻想庭園 全4巻」イラスト:祐天慈あこ
「帝都・闇烏の事件簿 全3巻」イラスト:夏乃あゆみ

三浦しをん
Shion MIURA
「妄想炸裂」イラスト:羽海野チカ

ももちまゆ
Mayu MOMOCHI
「妖玄坂不動さん～妖怪物件ございます～」イラスト:鮎味

結城 惺
Sei YUKI
「MIND SCREEN①～⑥」イラスト:おおや和美

和泉統子
Noriko WAIZUMI
「姫君返上! 全5巻」イラスト:かわい千草
「花嫁失格!? 一姫君返上! 外伝一」

渡海奈穂
Naho WATARUMI
「夜の王子と魔法の花」イラスト:雨隠ギド
「死にたい騎士の不運〈アンラッキー〉」イラスト:おがきちか